여자는 죽지 않았다

일러두기
- 조선민주주의인민공화국을 '북한'으로, 대한민국을 '한국'으로 표기했다.
- 필요에 따라 일부 용어는 북한식 표기와 어법을 따랐다.

여자는 죽지 않았다

1판 1쇄 인쇄	2025년 4월 10일
1판 1쇄 발행	2025년 4월 25일
지은이	설송아
편집	이두루
디자인	우유니
펴낸곳	봄알람
출판등록	2016년 7월 13일 2021-000006호
전자우편	we@baumealame.com
인스타그램	@baumealame
트위터(X)	@baumealame
홈페이지	baumealame.com
ISBN	979-11-89623-24-1 03810

이 책은 2024년 통일부 남북통합문화콘텐츠
창작지원 공모에 선정되어 출간되었습니다.

여자는 죽지 않았다

설송아

차례

8 서(序)

1부 교도소 출소 후 태어난 생명

14 복잡계층 아버지
21 핵심계층 어머니
28 교도소 출소 후 태어난 생명
37 49호 병동

2부 평양에서 처음 배운 자본주의 시장

42 가난한 나의 집
48 부유한 이모의 집
55 노동벌의 한계
66 평양에서 처음 배운 자본주의 시장
76 몰락과 기회

3부 돈으로 사들인 사회주의 권력

88 고철가격 처녀
96 결혼식 날 신부가 부른 노래
102 노예의 사슬을 끊고
108 부동산 시장이 열리다
114 돈으로 사들인 사회주의 권력

4부   암시장에 내민 도전

- 120   아버지의 설계도면
- 124   사교육 바람
- 128   금서를 읽으며
- 132   함정수사
- 139   중국 비자 암시장에 내민 도전
- 148   약소민족의 슬픔
- 158   사회주의 붉은 자본가 등장

5부   위태로운 시장에 번지는 불길

- 166   빵 생산 기지
- 170   우리 주인
- 173   경험으로부터 혁명으로
- 181   열 명의 여자가 전국으로 빵을 보내는 세상
- 187   로동당보다 장마당

6부   스칼렛 오하라와 장마당 여성들

- 196   남편이라는 신
- 199   여자의 종속은 숙명이 아니다
- 206   썩어빠진 생각들
- 210   스칼렛 오하라와 장마당 여성들
- 219   자전거에 위협받는 남성 권력
- 226   담배를 피우는 이유
- 231   성형한 여자는 바람났다

7부 총성, 탈출

- 236　공개 처형
- 241　아버지의 눈을 감기고
- 247　기적과 개척
- 252　저는 기업을 경영하고 싶은 여자입니다
- 262　두만강 기술학교에서
- 271　나락의 분기점

8부 북한의 페미니스트

- 276　아프리카노 커피 주세요
- 280　지식이라는 기술
- 287　여자는 죽지 않는다

서(序)

한국으로 이주한 지 8년 차, 2018년 어느 날 한 교수가 나에게 말했다.

"선생님은 페미니스트죠?"

"페미니스트요?"

동그랗게 눈을 뜨고 여교수를 바라봤다. 나는 페미니스트가 무엇인지 모르고 있었다. 그러자 교수가 웃으며 "샘은 완전 페미니스트"라고, 또 말했다. 함께 모였던 사람들 앞에서.

'내가 페미니스트라고?'

인터넷으로 페미니스트를 검색해보았다. '페미니즘'에 공감하고 실천하는 사람이라는 내용이 나왔다. 성차별로 억압받는 현실에 저항하여 자신의 권리를 찾기 위해 투쟁해온 페미니스트들의 역사, 19세기 미국과 영국에서 제1의 페미니즘 물결이 일어났다는 것을 처음 알았다. 페미니즘 제2물결은 1960년대 후반 반체제 운동과 맥락을 같이하며 일어나게 된 여성운동이라고 했다. 여성은 태어나는 것이 아니라, 제도와 사회문화로 만들어진다고 했다. 나는 이 모든 사실을 처음 읽었다. 그런데 이 이야기를 이미 알고 있었다.

40대 중년이 되어서 처음 듣는 페미니즘의 역사에,

깊은 연못에 풍덩 빠지듯 사로잡혔다. 그리고 나를 돌아보았다. 나는 언제부터 페미니스트가 되었던 것일까. 북한 땅에서 복잡계층 신분 아버지의 둘째 딸로 태어났을 때부터 페미니스트로 살 운명이었다. 시키는 대로 '호호호' 입을 가리고 웃지 않던 아이였을 때에도, 여자라면 응당 수령과 가부장을 신으로 모시며 일생 순종해야 하는 사회에서 내 힘으로 돈을 벌겠다고 주문을 걸 때도, 신의 부름과 다를 바 없는 입당을 거부하고 사업에 뛰어들면서, 감히 여자가 두 다리를 벌리고 자전거에 앉아 장마당을 누비면서, 세상이 허용하지 않은 그 모든 것을 꿈꾸고 도전장을 내밀면서.

이미 지나온 모든 시간에 나는 페미니스트였다. 나뿐만이 아니다. 식량배급제가 무너지자 맨손으로 창업하여 장마당을 일구고 가족을 먹여 살리는 북한의 수많은 여성, 벌이와 가사와 양육을 모두 책임지는 동시에 남편을 모시는 모순의 출구를 찾고자 고민하던 나의 친구들, 모두가 북한의 페미니스트다. 이미 북한에도 페미니즘 물결이 일어났던 것이다.

아무도 이름 붙이지 않은 사이 북한 사회를 뒤덮은 페미니즘 물결은 외부의 영향으로 모방된 것이 아니다.

신분제와 가부장제, 일당독재 사회주의 체제가 내부에서부터 균열을 일으켜 돌이킬 수 없이 나아왔고 그 근원에 여성들의 '장마당 혁명'이 있다.

여성들이 받들도록 교육받은 많은 것이 죽었으나 여성들은 죽지 않았다. 우리는 저항하고 생존하였다.

1부

교도소 출소 후 태어난 생명

복잡계층
아버지

어릴 적 가장 무서운 것은 아버지였다. 캄캄한 밤 묘지에서 유령처럼 떠돈다는 백발의 귀신도 가상의 공포에 지나지 않았다. 술을 마신 아버지의 목소리만 들어도 살아 있는 공포로 심장이 서늘했으니까.

   천성적으로 겁이 많은 아이였을까. 아니었다. 밖에서는 크게 웃고 장난이 심한 더펄이*였다. 일곱 살에 어머니와 인민학교(초등학교) 신입생으로 등록하러 갔을 때였다. 운동장에 몰려든 낯선 또래 남자들과 금방 친해져 신나게 놀았더니 지나가던 선생이 툭 던진 한마디

*   성미가 침착하지 못한 사람

가 지금도 기억난다.

"관래짝이구나."

'정상'에서 벗어난 여자를 관래라고 한다. 한 손으로 다소곳이 입을 가리고 '호호호' 웃으며 얌전해야 하는 것이 여자의 기준인데, 남자들 앞에서 '하하하' 웃거나 할 말 다 하고 뛰어노는 모습에서 관래의 싹수를 보았던 모양이다.

틀리지 않았다. 나는 관래였다. 성별 구분이 뚜렷한 놀이에서 관래는 항상 경계를 넘어섰다. 1970년대 북한 사회에서 여자의 놀이는 주로 고무줄넘기와 오사리로 상대편을 맞히기 등이었고 남자의 놀이는 땅치와 못 따먹기(못치기) 등이었다.

여남의 놀이는 재미라는 의미는 같았으나 결과가 달랐다. 남자의 놀이는 땅치나 못을 획득하는 유형의 결과물이 남았다. 내가 놀림을 받으며 남자아이들과 종이 땅치 따먹기에 뛰어든 것은 가치가 분명한 남자 놀이 문화를 갖고 싶은 마음이었을 것이다.

어두운 밤 동네에서 아이들과 법석이며 놀던 숨기놀이도 재미있었다. 열 명 정도 아이가 한 조가 되어 가위바위보로 술래를 한 명 정하고, 그 술래가 어둠 속에 숨은 아이들을 찾아내는 놀음이다.

"장개 쉿!(가위바위보)"

손을 흔들어 가위와 보로 술래가 정해지는 순간, 아이들의 눈빛은 사뭇 긴장하며 반짝반짝 빛났다. 겁이 많은 아이가 술래가 되면 으슥한 구석에 숨으면 되지만 관래가 술래라면 잡도리가 달랐다.

"꼭꼭 숨어라 머리칼이 보인다. 꼭꼭 숨어라 머리칼이 보인다."

담벽에 돌아서 두 손으로 눈을 가린 술래가 소리친다. 다들 재빠르게 구석구석 숨었다. 술래가 돌아서 눈을 뜨고 나면 주위는 잠잠하다. 나는 고양이 걸음으로 으슥한 옆집 창고 모퉁이에 숨거나 박쥐처럼 굴뚝에 납작 붙어 있는 아이들을 찾아내고, 들개보다 더 빠르게 뜀박질하여 "찐~" 하고 소리쳤다. 시커먼 개 우리에 옹크리고 숨어 있던 남자애 머리를 툭 치고 달려가면 '간나'라는 욕설이 내 등을 따라왔다. 그래도 관래는 그렇게 신이 났다.

하지만 어린 관래가 집으로 돌아오면 우울해졌다. 고슴도치처럼 옹크리고 앉아 숙제를 하다가도 문밖에서 아버지의 인기척이 들리면, 반사적으로 옷을 떨쳐입었다. 튀어 나갈 차비였다. 아버지의 기침이 군밤 터지듯 압축된 소리라면 술을 드셨다는 것도 본능으로 알았다. 그러면 내 몸이 덜덜 떨렸다. 술기운이 자칫 어머니를 폭행하는 무기로 변하니 자율신경이 반응한 것이었다.

북한의 술 공장을 폭파해야 한다는 무지한 생각도 이 무렵 생겼다. 아버지의 울분과 초조, 분노의 도화선이 술과 이어지면 어린 나이에 그 광경을 보는 것은 감당하기 힘들었다. 할 수 있는 최선은 옷을 입고 있다가 어머니를 데리고 가출하는 것이었다. 추운 겨울에는 집 마당 가운데 볏짚으로 임시 지은 김치 움*이 유일한 도피처였고, 더운 여름이면 대동강 언저리로 나아가 넓적한 돌에 앉아 밤하늘의 별을 세며 하늘에서 사는 상상을 펼쳤다.

사실 가부장제 뿌리가 깊은 사회에서 남편이 아내를, 남자가 여자를 폭행하는 모습은 나의 집에서만 일어나는 일은 아니었다. 다만 인위로 형성된 신분 사회에서 하층으로 분류된 아버지의 울분이 상층 신분인 내

---

* 땅에 김칫독을 묻고 그 위에 볏짚으로 지은 고깔 모양 공간. 김치우리라고도 한다.

어머니를 향하면서 다른 집보다 아버지의 폭행을 키웠는지 모른다.

한편 자식에게 무척 다심했던 아버지였다. 해마다 6·1절(국제아동절)은 어린이명절 기념 야유회가 있다. 학급별 장기자랑과 보물찾기 이후 원 모양으로 빙 둘러앉아 도시락을 먹는데, 빈부의 상징이 도시락이었다. 달걀 반쪽이라도 도시락에 없으면 그 학생은 금방 주눅이 든다. 하여 내 도시락에는 자식들이 밖에서 기죽지 말라고 아버지가 싸준 달걀 반쪽이 있었고 등산 배낭에는 아버지가 채워준 펑펑이(옥수수로 만든 간식)가 가득했다.

특히 내 생일에는 김일성 생일보다 맛있는 음식이 더 많았다. 태양절로 기념하는 김일성의 생일이면 명절 물자를 공급하는데, 간부나 65호대상*이 아닌 보통 집이라면 세대별로 돼지고기 500그램, 술 한 병이 보편적이다. 세대당 식구가 적으면 6명, 많으면 8~10명인데 500그램의 돼지고기를 누구 코에 바를까. 하지만 내 생일에는 탄광에서 일하는 아버지가 매달 저축했다가 등

---

* 과학자·기술자 등, 특혜를 받는 공급 대상

에 지고 온 특백미(중노동과 유해노동* 종사자에게 공급하는 쌀)로 만든 떡과 오리고기를 먹을 수 있었다.

이중인격자였을까. 철없던 시절에 주정하는 아버지가 죽었으면 좋겠다고 생각한 적 있었다. 하지만 철이 들며 아버지의 주량은 반사회 감정에 비례했으며, 어머니에게만 향하던 폭력은 신분제로 이질화된 감정의 기폭이 근원이었음을 절감하였다.

북한의 신분제는 김일성의 정쟁 세력이 '종파'로 숙청되고 개인농과 개인상공업이 폐지되어 불만 계층이 부각되었던 1956년 막을 올렸다. 수년간 진행된 주민 조사는 세밀한 기준에 따라 사람들을 '믿을 수 있는 계층'과 '믿을 수 없는 계층'으로 분류하고 이를 다시 핵심계층, 기본계층, 복잡계층으로 분류했다. 핵심계층에는 항일 참가자들의 가족, 전사자와 피살자 가족 등이 속한다. 기본계층은 노동자와 농민, 지식인 등이다. 복잡계층은 지주, 월북자, 국군 포로나 의용군 출신, 치안대 가족 등이 속한다. 재일 동포와 중국 연고자 가족, 교

---

* 화학공장·비료공장 등, 유독한 환경에서 행하는 노동

도소 출소자도 복잡계층으로 분류된다.[*] 나의 아버지는 중국에서 넘어온 조선족이자 교도소 출신이기까지 했으니 여지없이 복잡계층 신분이었다. '성분이 나쁘다'는 오명을 쓴, 평생 '혁명화의 모자가 해제되지 않은'[**] 인간으로서 손가락질과 제약을 받는 운명인 것이다.

---

[*] 2009년 통일부 통계에 따르면 북한 인구의 약 28퍼센트가 핵심계층, 45퍼센트가 기본계층, 27퍼센트가 복잡계층으로 구성되어 있다.

[**] 수령에 충성하는 인간으로의 개조가 완성되지 않은

핵심계층
어머니

아버지와 달리 어머니의 신분은 핵심계층이었다. 승진, 교육, 입당 등에서 우대받는 약 30퍼센트의 특권층이라 할 수 있다. 이러한 모순으로 어릴 적 나는 인간의 잉태에 호기심이 많았다. 어머니가 다른 남자를 만났더라면 나는 어떤 사람으로 만들어졌을까. 아버지가 다른 여자와 결혼했더라면 나는 어떻게 살고 있을까? 엉뚱한 상상은 중학교 생물 시간 수토끼 정자와 암토끼 난자가 자궁에서 수정되어 새끼 토끼가 태어난다는 수업 내용을 들으면서 달라졌다. '나'라는 생명체는 오직 내 아버지와 어머니의 결합으로 잉태된 생명, 피하려야 피할 수 없는 핏줄이었음을 깨달은 것이다.

피란 바뀔 수 없는 것일까? 14살이 될 무렵 마라초 담배통에 아버지가 읽다 올려놓은 책을 펼친 적이 있다. 『동의보감』이었다. 책장을 뒤적이며 읽어 내려가던 중 흥미로운 문장에 눈길이 멎었다. 남자의 정액에 소금을 뿌려놓고 하룻밤 지나면 피(혈액)로 변한다는 내용이었다. 이것이 진짜일지 실험하고 싶었지만 남자의 정액을 얻을 길이 없어 단념하였다. 그 내용에 그토록 충동이 일어난 건 아버지의 신분으로 자식의 신분이 결정되는 북한 사회 배경 탓이다. 어머니의 신분을 따를 수 있었다면 내 운명은 아마도 달라졌을 테니까.

어머니의 고향은 평안남도 평성이다. 어머니의 가족은 6·25전쟁 이전만 해도 평범했다. 6·25전쟁은 북한 주민을 전사자와 피살자, 치안대와 월남자, 국군 출신 등으로 나누었고 이로써 신분 계층이 생성하였는데, 신분 조사에서 어머니의 가족은 전쟁 피살자로 분류되었다. 핵심계층으로 상승한 것이다.

전쟁 시기 조직된 마을 치안대가 어머니의 오빠를 길가에 끌어내 몽둥이로 때려죽였다고 한다. 동네 사람들로 조직된 치안대가 왜 어머니의 오빠를 잔인하게 때려죽였을까. 아버지는 여기에 의문을 제기하곤 했다.

처가의 배경을 모체로 하여 신분 제도 자체에 던진 의문이기도 했겠으나, 그것은 그대로 어머니의 자존심을 쿡쿡 건드렸으리라. 이처럼 나의 모부는 인생을 함께하는 부부이기 전, 계급 갈등을 내재한 적이기도 했다.

핵심계층 어머니는 형제들과 함께 국가의 배려로 정규 대학을 졸업하고 사회지도층으로 자리를 잡았다. 큰이모는 순천질소비료공장(현재 순천린비료공장) 당 간부로, 막내 이모는 평양 만경대선물악기공장 행정 간부로, 나의 어머니는 순천에 자리한 리수복화학공업대학 교수로 재직했다. 리수복화학공업대학은 가슴으로 화구를 막아 부대의 진격로를 열었다는 공화국 영웅 리수복의 고향 순천을 기념한 명칭이다. 리수복 영웅이 살았던 마을도 수복동으로 개칭되었을 정도다.

전후 북한은 조국을 위해 18살의 청춘을 바친 리수복 영웅을 계급 교양 교육에 적극 활용했다. 나의 어머니가 교수로 재직하던 시절의 의미심장한 일화가 있다. 리수복화학공업대학 운동장에 리수복 영웅을 따르자는 궐기 행사가 조직되었고, 그 행사에서 리수복의 어머니가 단상에 서서 발언하도록 준비되었다. 하나밖에 없는 조국을 위하여 둘도 없는 청춘을 바친 리수복 영웅처럼 김일성에게 충성하자는 군중 선동 행사였다. 단상에 오른 리수복의 어머니는 체구가 무척 작았다고 한다. 그는 당국이 준비해준 연설문을 읽기 전, 먼저 간 아들을 향한 애통한 감정을 드러내고 말았다.

"내 아들이 살아 왔으면 얼마나 좋았을꼬……"

그대로 그는 단상에서 사라졌고 이후 리수복 영웅을 내세우는 선전은 한동안 중단되었다.

쌍태머리(갈래머리) 처녀였던 어머니가 대학에서 강의할 때면, 교수보다 나이 많은 대학생이 많았다고 한다. 그중에는 재일 조선인 북송사업으로 일본에서 귀국한 재일 동포 대학생도 있었는데, 이들은 일반 대학생보다 옷을 잘 입고 성격도 활발했다. 그중 어머니를 진심으로 사랑한 이가 있었고 어머니도 그가 마음에 들었지만 신분 차이로 정리했다고 한다. 대학 교수직을 내려놓고 순천제약공장 실험실 검사(의약품 품질 감독)로 이직한 것도 그 때문이라고 어머니는 가끔 추억했다.

나의 어머니를 한마디로 표현하면 '책벌레'다. 삶의 전부가 독서였다. 가정주부의 삶에는 관심이 없었다. 공장에서 정년퇴직할 때까지 오로지 독서로 지식을 탐구하는 날들이 삶의 기쁨이었다. 늘 해진 양말을 신고 공장에 출근하니 여자답지 못하다는 부정적인 시선도 따라다녔다. 어머니는 전혀 개의치 않았다.

만약 어머니가 한국에서 살았다면 여성학자로 성공했을지도 모른다. 지금에 와서 북한의 성 통치를 돌이켜보면 그런 생각을 떨칠 수 없다. 해방 후 북한은 소련식 사회주의 체제를 그대로 이식하여 생산수단의 국가 소유를 내세웠다. 생산수단을 자본가가 소유하면 개인에게 이익이 집중되면서 빈부격차가 발생한다. 그러면 사회 발전이 진전되지 않으므로 생산수단의 사적 소유를 철폐해야 한다는 것이다. 여기서 '생산'이란 생존에 필요한 재화와 이를 생산하는 도구의 생산을 의미하며, 또 다른 측면은 노동력의 재생산 즉 종족 번식을 포함한다. 따라서 노동력을 제공하고 재생산하는 역할을 맡은 가족과 그 안에서의 성 분업이 중시되었다.

사회주의 가족관은 남성이 여성을 사유화하여 이익을 얻는 자본주의적 불평등을 비판한다. 이러한 관점은 북한이 1946년 7월 30일 발표한 남녀평등권 법령의 배경이다. 그러나 북한 현실은 성책과 괴리된다. 전후 북한은 전쟁이 다시 일어날 것에 대비해 중공업 우선 발전 정책을 제시하고, 국가 재원을 중공업 부문에 집중적으로 투자했다. 여기서 특유의 성 불평등이 시작되었다. 북한에서는 모든 주민의 직업을 국가가 배치하는데, 남성은 주로 중공업 부문에 여성은 주로 경공업 부문에 배치한다. 중공업 대비 경공업의 규모는 비할 수 없이 작다. 이로 인해 여성들은 결혼하면 자동으로 가정주부가 된다. 교사나 의사 등 전문직에 종사하는 여성들은 결혼 후에도 직업 활동을 이어가지만, 생산직에 종사하는 여성이 압도적으로 많다.

여성에게는 가정 내에서 남편을 공경하고 가사를 돌보며 자식을 양육하는 다중 역할이 부여되었다. 그리고 아내와 아이들이 일용할 양식과 거주 공간 즉 살림집을 남편이라는 세대주를 통해 공급함으로써 여성의 역할을 제도적으로 고착시켰다. 의식 교육도 잇따랐다. 김일성의 모친 강반석과 김정일의 모친 김정숙이 혁명적 여성상으로 강조되었다. 남편의 전우들이 한밤중에 찾아와도 강반석은 밥을 지어주고 빨래를 해주었으며 고기가 생기면 이를 우물에 넣어두었다가 남편에게 전해주었다고 했다. 대한의 추위 속에서 항일을 하면서 김일성의 옷을 빨아 몸에 품고 말렸다는 김정숙의 충성과 희생이 여성성의 상징으로 미화되었다.

그러나 나의 어머니는 남편 공경과 가사노동에 바치는 시간보다 책을 읽는 시간이 훨씬 많았다. 어린 날 공교육을 통해 남성에게 복종하는 여성성을 배웠던 나의 눈에는 여자답지 못한 어머니의 인성이 이상하게 보였다.

"남편을 공대하지 않고 책밖에 모르는 여자 누가 좋아하겠어요. 김정숙 동지 좀 보라요. 남자를 위해서 자기를 희생하니 평범한 여자가 사령관을 쟁취하는 거잖아요."

15살, 고등중학교 시절에 던진 말이었다.

"여자가 결혼하면 남편을 내세울 줄 알아야지, 그랬다면 아버지도 당원이 되어서 간부로 출세했을 것인데 아내를 잘못 만나 저렇게 사는 게 아니에요."

어머니에게 쏟아지는 아버지의 폭력을 알면서 나 또한 틈만 생기면 어머니께 말 폭탄을 던졌다. 아프게 후회해도 이제 와 무슨 소용 있을까. 교육으로 세뇌된 여성관이었다.

교도소 출소 후
태어난 생명

1965년 3월 13일, 이날은 나의 언니가 태어난 날이다. 그해는 아버지가 교도소에 수감된 해이기도 하다. 내가 세상에 나기 전의 일이었으나 스무 살이 될 무렵, 술을 드신 아버지가 짧게 얘기해 당시 그가 교도소에 수감된 배경을 알았다. 다 자란 자식들이 알 것은 알아야 한다고.

1950년대 말, 중국에서 대약진운동이 실패하면서 대기근이 발생했다. 이로 인해 많은 조선족이 북한으로 이주하게 되었다. 한편 북한에서는 전후 복구와 사회주의 건설에 노동력이 부족하여 불법으로 넘어온 조선족들에게 국적을 주었다. 함경북도 국경 지역에는 중국에서 건너온 조선족의 신분을 확인하고, 각지에 배치하기 위해 초대소가 운영되었을 정도였다.

　　나의 아버지도 1960년대 중국 옌볜에서 넘어온 조선족 청년의 한 사람이었다. 북한은 중국 조선족 중에서 지식인은 우대했다고 한다. 두만강을 건넌 아버지가 두만강 초대소에 들어갔을 때 초대소 간부들이 이밥(흰밥)에 뜨끈한 미역국을 주었다고 추억하곤 하였다. 아버지에게 초대소 간부가 지도를 펼쳐놓고 어디에 가고 싶으냐고 물었고 아버지는 이렇게 답했다고 한다.

　　"강이 흐르는 도시면 좋겠고, 그 도시에 전공을 활용할 공장이 있으면 좋겠습니다."

　　아버지의 전공은 약학 부문이었다. 이리하여 아버지는 대동강 중류가 흐르고, 평양과 인접한 평남 순천에 배치되었다. 순천에는 1958년 루마니아 원조로 준공된 제약공장이 있었다. 순천제약공장은 페니실린과 카나미찐 등 광범위항생제 원료와 의약품을 생산하는 곳이었다.

　　여기서 아버지는 이쁜 얼굴에 아담한 체격인 대학교수 출신 처녀에게 반했다. 180 키에 호감 가는 인물, 아코디언과 기타 연주에 능숙했던 지식인 청년에게 어머니도 한눈에 반했다고 했다. 둘은 사랑에 빠졌다. 제약공장에서는 누구나 부러워하는 커플이었다고, 훗날 어머니와 함께 일했던 직원이 말해주어 알았다.

결혼을 약속했으나 신분이 문제였다. 어머니는 개의치 않았다고 한다. 대학교수 시절 재일 동포 총각을 사랑하면서 신분 때문에 헤어졌던 후회와 아픔을 반복하기 싫어서였다. 그러나 어머니 친정의 완강한 반대에 마주해야 했다. 아랫도리 두 알밖에 가진 것 없는 조선족 청년보다 신분 좋은 총각들이 혼처로 나섰으니 말이다.

순천질소비료공장 당 선전비서였던 언니(나에게는 셋째 이모)가 가장 반대했다고 한다. 순천에 자리한 질소비료공장은 1940년 일본이 세운 화학공장이 모체다. 해방 후 북한은 이 공장을 농업 부문에 비료를 공급하는 1급 기업소로 개건하였다. 로동당이 유일 집권당인 북한에서 1급 기업소 당 간부면 권력이 막강하다. 그 권력을 지탱하는 기반은 신분이었다.

"허여멀끔하게 생긴 게 밥 먹여주니? 잘생긴 총각이 조선족뿐이냐? 이 결혼은 안 돼."

언니가 동생에게 말했다. 셋째 이모는 핵심계층 신분에 누가 되는 결혼이 자신의 권력에 잠재적 위협이 된다고 보았다. 일리가 있었다. 1960년대 모든 사람의 정치평정서*는 6촌부터 8촌까지 조사해 작성되었다. 알지도 못하는 친척 중에 월남했거나 치안대에 가담한 사례가 밝혀지면, 그 내용이 그대로 본인의 정치평정서에 들어 평양 사람은 지방으로 추방되고 지방 사람은 산골로 추방되는 일이 밥 먹듯 일어나던 때였다.

그럼에도 조선족 청년은 물러서지 않았다.

"서로 사랑하는데 신분 차이가 중요합니까?"

순진한 청원이었다. 주말이면 순천-평성 통근차를 타고 처가로 이동한 청년은 결혼 허락을 몇 번이고 몇 번이고 요청하였다. 그러나 쉽지 않았다. 청년은 신분의 장벽을 넘어서고자 손가락을 깨물어 흰 종이에 '사랑한다'는 혈서를 썼다.(이 사실은 훗날 큰어머니에게 들었다.) 혈서를 쥐고 처가 문 앞에서 긴긴밤 지새웠던 조선족 청년의 심정은 어떤 것이었을까.

"저렇게 좋다는데 살라 하지 뭐."

보다 못한 막내딸(나의 막내 이모)의 말이 외할머니

---

* 당에서 작성하는 개인 이력 및 사상 평가서로 당과 수령에 대한 충성을 기준으로 쓰이며 취업, 인사, 사회 평판에 적용되는 데다 세습되어 일가의 삶에 영향을 미친다.

마음을 움직이면서 결혼이 허락됐다고 한다.

어머니의 가족들로 흥성거리던 결혼식 그날, 아버지의 마음은 어떠했을까. 중국 옌지에는 노모가 생존해 계셨고 형과 누이도 여섯 명이었으니 그 너머에 홀로 덩그러니 서 있는 신랑의 서글픔이 없지 않았으리라. 이듬해 딸이 태어났다. 중국에 계시는 노모와 형제에게 자신의 딸을 보여주고 싶고, 사랑을 받게 하고 싶은 건 인간의 원초적 감정이라 본다.

"중국에 갔다 오면 안 되겠소?"

아버지의 말이었다. 결혼한 아내와 딸의 사진을 보여주고 싶다고 했다. 어머니는 답하지 않았다. 1960년대 두만강을 사이 두고 북·중 국경이 존재하였으나 양국으로 오가는 게 어렵지 않았다고 한다. 물론 불법이다. 그러나 두만강 폭이 좁아 함경도 사람들은 중국에서 새 영화가 방영되면 두만강을 넘어 중국 조선족의 집에서 영화를 보고 돌아올 정도였다. 함북 온성군 남양에서 두만강을 건너가면 중국 투먼이고, 투먼에서 버스 타고 한 시간 이동하면 옌지에 도착한다. 옌볜 조선족 자치주 옌지에 아버지의 노모와 형제들이 살고 있었다. 돌아가신 할아버지와 6·25전쟁에 중공군으로 참전

했다가 사망한 둘째 큰아버지도 옌지에 묻혀 있다.

"중국에 갔다가 일주일 내 돌아오겠소."

그리고 아버지는 열차에 올랐다. 이 사실을 어머니는 질소비료공장 당 간부였던 언니, 그러니까 내 셋째 이모에게 말했다고 한다. 그러지 않아도 이 결혼을 가장 반대했던 셋째 이모는 주저하지 않고 사무실 전화를 들었다. 그 전화는 곧바로 국가안전보위부(현 국가보위성)와 연결되었다.

"나진행 열차 타고 중국으로 도주하는 남자를 체포해요."

중국에서 북한으로 귀화한 조선족이 북한 국적을 취득한 이후 중국으로 가는 것은 조국을 배신한 행위가 된다. 아버지는 열차 안에서 보위부에 체포되어 순천으로 연행되었다. 당 간부가 고발한 사건이니 연행 동기는 명백했다. 예심 기간도 길지 않았다고 한다.

한 달 후 아버지는 교도소에 수감되었다. 감옥에서 어떤 일을 겪었는지 한 번도 자식에게 얘기하지 않아 잘 모른다. 이후 출소자라는 낙인과 함께 평생을 감시 속에 살아야 했으니 그 모든 쓰라림을 속이 시커멓도록 삭였으리라. 언젠가 이 말은 하였다.

"감옥에서는 콩밥 한 줌 준다. 밥 한 알, 콩 한 알 오래오래 씹어야 당이 올라가 배고픔이 덜하단다."

소주 한 잔 마셔도 얼굴이 빨개져 술 체질이 아니라던 아버지의 주량이 교도소 출소 후 술잔에서 밥공기로 늘어난 것은 처가에 대한 반감이었을까, 반체제 감정이 폭발한 것이었을까. '주량이 도량'이라는 말은 술을 잘 마시는 이들이 사물과 인간을 너그러이 용납하는 마음의 그릇이 크다는 의미지만, 아버지의 주량은 울분의 깊이였고 깊어질수록 폭주로 이어졌다. 동네에서 아버지는 '키다리 주정뱅이 아저씨'가 되었다. 주정뱅이의 안주는 생파에 소금이면 족했다. 더 빨리 취하기 위해서다. 패배자의 삶을 잊는 호르몬을 느끼자면 요리 안주도 군더더기라 하였다.

"술 한 방울에 일곱 발자국 걸어갈 칼로리가 있다."

그렇게 술 한 방울 무게로 인간과 사회를 분석하곤 하였다.

출소 후 아버지가 갈 곳은 어디였을까. 억울한 옥살이를 씌운 처가를 생각하면 억장이 무너졌을 테지만 이제 와 어디에 의지할까. 교도소에 있는 동안 첫딸인 내 언니도 이제는 세 살이 되었다. 돌 되기 전에 수감되었으니 언니는 친부의 얼굴도 모를 것이다. 부부 중 한 사람이 교도소에 가면 법적 이혼이 가능하다. 특히 국가안전보위부에 체포되어 수감된 사람이라면 이혼은 자동 처리된다. 다행인지 불행인지 어머니는 그동안 재혼하지 않고 아버지를 기다렸다. 가족의 권유에도 어머니는 이혼을 거부했다고 한다. 아버지를 사랑했던 것일까, 신분제가 빚어놓은 죄의식을 씻고 윤리적 책임을 다하기 위해서였을까?

이에 대한 평가는 자식들의 몫으로 남아 있다. 나는 자란 뒤에야 내 어머니의 마음을 헤아릴 수 있게 되었다. 중국에 있는 가족을 만나고 오겠다고 떠난 남편이지만, 젊은 아내에게는 남편의 성향에서 느껴지는 불안이 먼저 일어났으리라. 과연 돌아올까? 아니다. 지식인 아내는 지식인 남편을 누구보다 잘 안다. 중국보다 북한이 잘산다는 소문에 이주했지만, 아버지가 실제로 겪은 북한 사회는 배급 식량으로 겨우 먹고사는 정도였다. 무엇보다 견디기 어려운 건 사상 단련의 용광로로 상징되는 조직 생활이다. 매일 아침 공장에서 김일성에게 충성 선서를 다지고, 주 생활총화로 자아비판을 해야 하는 일상의 반복은 중국의 문화대혁명 시기를 초월했을지 모른다. 실제로 부친은 북·중의 정치를 비교 비판했는데 그 비판은 오로지 친구들과 중국말로 주고받았다고, 어머니의 일기장에서 본 적 있다. 어머니의 남편은 주변화된 계층인 조선족이나 포로 출신들과 가까웠는데, 그들과 속 터놓고 말을 하다가도 아내가 들어오면 딴청을 피우며 대화를 중단했다고 했다. 감시가 촘촘한 신분제 사회에서 복잡계층과 어울리던 남편의 중국행을, 아내는 잠시의 향수 어린 노정이 아니라고 생각했을 것이다. 현실을 도피하려는 또 한 번의 이주이리라, 그 고충을 당 간부 언니에게 하소연하였다. 그 말이 이미 전국을 휩쓸던 종파 투쟁 여파로 불안을 키우던 처형이 매제를 고발하는 비극으로 이어진 것이다.

 교도소 출소 후 아버지는 어머니와 재결합하였다. 그다음 해, 곡절 많은 둘의 운명을 이어주는 아기가 태어났다. 그 생명이 바로 나다. 1969년 1월 17일이었다. 그날은 30년 만에 큰 눈이 내렸다고 했다. 그리하여 내 이름은 설(雪)이 되었다. 세상을 소리 없이 하얗게 덮어주는 흰 눈송이처럼 순결하고 억세게 살아가라고 아버지가 지어준 이름이었다.

49호 병동

아버지를 고발했던 나의 이모는 당 간부로서 무엇보다 체제와 당권을 중시하는 인물이었다. 그러나 그만한 간부도 의문의 희생을 피하지 못했다. 내가 태어나고 몇 년 되지 않아 순천질소비료공장 당 간부 사무실에 사건이 터졌다. 사무실에 걸려 있던 초상화가 바닥에 팽개쳐져 있었고, 구겨진 화상은 김일성의 얼굴이었다.

당시 북한 사회는 후계자로 등장한 김정일에 의하여 '온 사회를 김일성주의화하자'는 신격화 정치가 전 민을 관통했다. 가정마다 수시로 도서 검열이 진행되었는데, 항일 빨치산의 회상기라 해도 김일성 신격화에 문제가 되는 문장은 종이로 덧붙이고 먹칠하였다. 도서

검열은 몇 년간 진행되었는데, 나 역시 삭제된 도서를 전등 빛에 비추어 먹으로 칠한 문장을 기어코 읽어보던 기억이 난다.

신격화의 바람이 얼마나 거셌는지, 가정마다 걸린 김일성 초상화 액틀마다 꽃다발이 드리워질 정도였다. 그뿐인가. 아침마다 공장 기업소 노동자는 물론 대학과 고등학교 학생들까지도 하얀 정성걸레[*]로 김일성 초상화를 닦고 그 앞에서 선서를 한 뒤 일과를 시작하던 시대였다. 그런 와중에 김일성 액틀이 바닥에 내동댕이쳐진 것도 사건이건만 유리 안 김일성의 사진을 와락 끄집어내 구기고 쓰레기를 쏟아버린 것은 그야말로 대형 정치 사고였다.

국가안전보위부는 물론 시당부터 도당까지 발칵 뒤집혔다. 사상범을 잡는다고 당 간부 사무실이 자리한 청사 일대에 잠복근무조가 배치되었다고 했다. 잠복근무조에는 당 간부였던 나의 이모도 있었다. 잠복근무와

---

[*] 수령의 초상화를 닦을 때는 반드시 양질의 새하얀 천을 사용해야 했고 충성을 인정받고자 코바늘 장식 등을 달기도 했는데 이를 정성걸레라 칭했다.

비밀 내사가 지속되었다. 하지만 한 달이 지나도 사건은 오리무중이었다.

그러다 어느 날 뜻밖에 사상범이 자수하였다. 국가안전보위부도 뒤집어졌다. 자수한 사상범이 공장 당 선전비서, 나의 이모였던 것이다. 왜 그랬을까? 누구보다 사상이 투철하던 당 간부였다. 무슨 이유로 김일성 초상화에 쓰레기를 처넣고 원한을 쏟아내듯 구겨버렸을까. 이모는 성격상 잘못된 일이라면 누구에게라도 직언했다고 한다. 함께 일하던 당 조직비서와 갈등이 생기며 권력 암투가 있었다고 나중에 들었다.

무슨 이유에서인지 이 사건은 정치 사건에서 정신질환자의 병리적 행위로 뒤바뀌었다. 정치범 사건으로 처리할 경우 중앙당에 있던 막내 이모부와 연결된 많은 당 간부도 벗어나기 어려웠기 때문으로 짐작된다. 이모는 평남 양덕군에 자리한 49호 정신병동에 격리되었고 그곳에서 사망하였다. 사살당했을 것으로 추정된다. 언제, 어떻게 죽었는지 깊은 내막이 있었겠으나 내가 아는 사실은 여기까지다. 이모 역시 평생을 지키고 따라온 제도에 희생된 셈이었다.

2부

평양에서 처음 배운 자본주의 시장

가난한 나의 집

어린 날을 떠올리면 허기가 일상이었다. 배를 채울 음식은 국가에서 배급하는 식량뿐이었고 웬만한 간부 집이 아니라면 쌀독에 식량을 채워놓고 사는 집이 별로 없었다. 보름에 한 번 국가에서 가족의 식량을 배급했는데, 배곯지 않을 정도의 양이었다. 이러한 배급마저 푸에블로호 사건[*] 이후 군량미 축적을 늘려야 한다며 성인 하루 식량을 700그램에서 580그램으로 줄였다.

---

[*] 1968년 1월 23일 북한 동해 원산 앞바다에서 미 해군 함대 푸에블로호가 북한 해군에 의해 나포된 사건. 북한군 특수부대가 박정희 암살을 시도한 1·21사태 이틀 후의 일인 만큼 당시 한반도 정세는 전쟁 전야와 같았다.

가뜩이나 빠듯한 가족의 식량이 줄자 주부들의 쌀 꾸기 문화는 보편으로 자리 잡았다. 어느 집이나 배급 전에 식량이 떨어지다 보니 식량을 먼저 배급받은 집에서 쌀이나 옥수수 한 말 꾸어가고 식량 배급 날 물어주는 것이 일상 문화였다.

와중 나의 어머니는 옆집 앞집에 쌀되를 들고 식량 꾸러 가는 것을 수치로 생각했다. 무청에 쌀을 얇게 얹어 지은 시래기밥을 자식들에게 먹일지언정 쌀을 꾸지 않았다. 어릴 적 가장 먹고 싶은 것은 사탕이었는데, 밥 한번 실컷 먹지 못하던 그 시절에 사탕은 사치일 뿐이었다. 명절에 먹어보는 돼지고깃국도 몇 점의 고기가 겨우 동동 뜬 국물이었다.

"돼지가 장화 신고 건너간 국이네."

유행되던 이 말은 지금도 이어진다.

앞집에는 중학교 동창생이 살고 있었다. 그의 집에 가보면 부엌 마루 밑에서 돼지가 항상 주둥이를 쳐들고 꿀꿀거렸다. 배급제 시대에 도시에서 돼지를 기르는 가성은 드물있다. 돼지를 길러 판매하는 것은 장사의 일종이라 수치로 생각했다. 그런데 동창생 어머니는 제약공장 식당에서 일을 하면서 매일 나오는 음식 잔반을 퇴근할 때마다 머리에 이고 집으로 가져왔다. 돼지 사료로 이용하기 위해서다. 그 사료를 먹고 자란 70킬로 정도의 어미돼지를 국영 수매소에 가져가면 옥수수를 70킬로 정도 주었다. 그러니 그 집에는 옥수수펑펑이 간식이 있었다. 그 펑펑이가 먹고 싶었다.

해마다 가을이면 배낭을 등에 지고 도시에서 떨어진 농촌으로 이동해 벼 이삭과 콩 이삭을 부지런히 주워 가족의 식량을 보충하는 주부들도 있었다. 게으른 농군보다 부지런한 이삭꾼이 잘산다는 말도 동네에서 들으며 자랐다. 하지만 이삭줍기도 어머니에게는 딴 세상의 일이었다. 집에서 도보로 10킬로 이상 이동하여 농장 논벌에 도착해, 떨어진 벼 이삭을 찾아내려 허리를 굽히고 무한정 걸으며 헤매는 과정이 어머니에게는 시간 낭비였다. 그러니 어느덧 동생들까지 태어나 조롱조롱 4형제가 된 나의 집은 동네에서도 째어지게 가난했다.

1960년대 말만 해도 지역마다 자리한 국영 상점에 왕눈깔 사탕이 녹아내릴 정도로 많았다고 하지만 내가 기억하는 유년 시절에는 거의 보지 못했다. 김일성 생일이면 사탕이나 과자를 간식으로 먹을 수 있었을 뿐이다.

가끔 어머니가 꼬장떡을 해주면 젓가락에 꽂은 떡을 손에 들고 아이들 앞에서 자랑하며 먹던 기억이 난다.

또래들과 무리 지어 놀기 좋아했던 나의 유년 시절엔 먹을 만한 것이라면 엄마 몰래 꺼내어 아이들과 간식으로 먹으며 놀았다. 간식이라 하면 반식량으로 독마다 담근 겨울 김치 같은 것이다. 김칫독 안에서 시원한 김치 물이 뚝뚝 떨어지는 포기김치를 밑동만 쑥 잘라 저마다 한 잎씩 손에 들고 쭉쭉 찢어 먹는 맛이란 겨울에만 누리는 호사 중 호사였다. 집 마당에 묻어놓은 무도 좋은 간식이었다. 마당으로 끌고 온 아이들을 세워놓고 묘지처럼 둥그런 무 움 가운데 볏짚 마개를 뽑고, 구멍 앞에 엎드려 연탄 갈 때 사용하는 기다랗고 뾰족한 쇠꼬챙이로 강도 낚시하듯 움 안을 푹푹 찔러대면 커다란 무가 꼬챙이에 박혀 끌려 나왔다. 끌어올린 무의 흙을 옷으로 대충 닦아내고 앞니로 껍질 깎고 너 한 입 나 한 입 와작와작 깨물어 배를 채우고는 대동강 빙판으로 우르르 달려갔다. 이러한 간식마저 여름에는 없었다. 한 공기 밥을 먹고 종일 뛰어놀다 허기를 달래려 강냉대를 씹어 단물을 마셨고, 아주까리 밭에서 잠자리를 잡아 구워 먹는 것이 고작이었다. 매달 두 번, 배급 타는 날만 밥을 실컷 먹었다.

　식량 배급에 의존해야 했던 어머니의 살림은 직업 특성이 그대로 드러났다. 보름에 한 번 식량을 받으면 종이 봉지 45개를 방바닥에 가지런히 줄 세워놓으신다. 이후 컵으로 쌀 정량을 재서 하루 세끼 가족의 식량을 45개 봉지에 골고루 담았다. 그 봉지 쌀을 장롱에 넣고는 매일 출고하여 밥을 했다. 그리고 공장에 출근하며 4형제의 점심밥을 공기마다 담아 장롱에 넣고 잠그셨다. 장롱 열쇠는 맏이에게 주어 점심시간 동생들에게 공급하도록 했다. 배고픔을 참지 못해 한 끼에 두 공기를 먹어 치우는 사고를 막기 위한 안전장치였다.

　한번은 어머니가 자식들에게 사탕 두 알씩을 나누어주었다. 결혼식을 하는 집에서 축하객 1인당 떡과 부침개, 사탕과 과자를 접시에 놓아주는데 그것을 그대로 신문지에 싸 오신 것이다. 나에게 차례진 사탕 두 알에서 한 알을 어머니 입으로 가져갔다. 그러자 어머니가 말했다.

"엄마는 사탕을 못 먹는단다."

아버지도 옆에서 나직하게 말했다.

"어른이 사탕을 먹으면 죄악이지."

당시 이 말이 무슨 의미인지 몰랐다. 달콤한 맛이 어른의 신체에 들어가면 부작용을 일으켜 설사라도 하는 줄 알았다. 돌아가는 순간까지 한 알의 사탕도 입에 넣지 않으신 어머니였다.

"식량 배급 날만 기다리다가 인생이 흘렀구나."

1994년 4월 16일, 임종을 앞두고 어머니가 남긴 말이었다. 지식인 여성이 유언으로 남긴 이 한마디는 배급제 사회가 만드는 인간의 운명을 정의한 명언이다. 부디 하늘나라에서는 쌀 걱정하지 말고 편히 계시라고, 이제라도 단맛을 느껴보시라고 어머니를 한국의 기름진 흰쌀과 아카시아 꿀 속에 묻어주고 싶다.

부유한 이모의 집

평양 사는 막내 이모의 집에 처음 갔을 때가 1981년이었다. 이모는 평양시에 있는 29층짜리 아파트에서 살았다. 이모의 집은 12층으로 층마다 두 세대가 있었다. 고위 간부 집답게 안으로 들어가면 커다란 방이 세 개, 거실과 주방, 목욕탕과 화장실, 세탁 건조실과 창고로 구성된 현대식 살림집 구조였다.

평양이라 하여 모든 사람이 현대식 아파트에서 사는 건 아니었다. 공장이 밀집된 평천구역과 선교구역, 동대원구역 아파트는 지방과 다를 바 없다. 2000년대 중반까지 김형직사범대학이 자리하고 있는 동대원구역 한 아파트에 자주 갔었다. 연탄을 때고 있는 살림집 아파트였는데, 부엌 마루 밑에서 돼지를 기르고 베란다에서 닭을 기르는 사람이 많았다. 수도 평양에서 '꼬끼오' 닭이 울면 단속될 수 있다 하여 수탉이 크기 전, 목구멍 안에 뜨거운 물을 주사기로 쏴주어 수탉의 목소리를 거세하는 현장도 목격했다. 그러나 평양 중구역은 달랐다. 그중에서도 중앙당 간부 아파트가 가장 좋은 살림집으로 알려져 있는데, 나의 이모가 살고 있는 중앙당 산하 금수산 의사당 간부 아파트는 최고위급으로, 이런 아파트는 '선물 아파트'였다. 북한은 충성 결집을 목적으로 선물 정치를 중요하게 여긴다. 선물 등급은 고위 간부부터 중간 간부 등 신분에 따라 달라진다. 당 대회를 비롯한 국가 행사에 참가할 경우 일반 간부나 노동자라고 해도 컬러TV, 명품 시계, 고급 옷감, 고급 식품 등을 수령의 선물로서 받게 된다. 이 모든 선물을 관리하는 부서가 중앙당 금수산 의사당 선물과이고 선물과 과장이 나의 이모부였으니 평양이모의 소득 수준을 상상할 수 있을 것이다.

    당시로서는 구경도 할 수 없던 컬러TV가 이모의 집에는 방마다 있었다. 내가 살던 지방에는 일부 당 간부와 중앙 도매소 운수지도원 집에 흑백TV가 있었을 뿐 일반 사람들은 텔레비전은 물론 냉장기를 놓고 산다는 꿈도 꾸지 못했다. 하지만 평양이모의 살림집 주방에는 대형 냉장기가 있었고, 거실 정면에 화려한 꽃 장식이 드리워진 3면 경대가 있었다. 전신을 비춰주는 커다란 거울을 처음 봤다. 오도 가도 않고 난생 처음 3면 거울을 바라보니 강한 탐구심으로 눈빛이 살아 있는 초라한 아이가 오뚝 서 있었다.

고개를 돌리니 큰 방 창문 앞에 앵무새 한 쌍이 날고 있었다. 관상용이었다. 앵무새가 자유롭게 다니며 놀 수 있도록 가느다란 살창을 둘러친 공간에 야자수 나무가 풍경을 이루었다. 고개를 갸우뚱하는 앵무새가 귀여워 손을 내밀었더니 뽀로롱 날아가 야자수 가지 끝에 사뿐 앉았다. 그리고 나를 내려보았다. 앵무새를 올려보는데, 묘한 감정이 일어났다. 조류 동물과 인간이 이토록 선명한 상하 위치에서 교감을 하다니.

나의 집이 떠올랐다. 며칠에 한 번 맷돌로 간 콩물에 풀을 섞어 장판을 땜질하는 10평 정도의 단칸방이었다. 두 칸짜리 살림집에 산 적도 있다. 그런데 1970년대에 주택이 부족해지자 아이가 일고여덟 명인 세대를 제외하고는 한 칸을 내놓도록 조치하였다. 나의 형제가 넷이었으니 나의 집 한 칸도 국가에서 회수했다. 1동 2세대 주택이 1동 4세대로 재건되면서 나의 유년은 뒷집 부부의 잠자리나 방귀 소리까지 잡음 없이 들리는 단칸방에서 흘렀다.

이러한 공간을 국가주택으로 알고 살던 내가 평양이모의 궁궐 같은 집을 보니 얼마나 황당했으랴. 내 나이 12살이었다. '나는 왜 가난한 집에서 태어났을까.' 서러웠다. 이러한 서러움은 수년 뒤인 1987년 평양이모의 맏딸 결혼식에 갔다 온 이후 한층 더 굳어졌다. 어머니와 함께 기차를 타고 서평양역에 도착할 즈음 어머니가 소리쳤다.

"돈가방이 없어졌어."

얼마나 놀랐는지 하얗게 질린 표정이었다.

"간리역에서 쓰리 맞은 거 아닐까?"

평양으로 들어서기 전 환승역이 간리역이다. 그 어느 역보다 사람이 붐비니, 그때 소매치기를 당한 것이 분명했다.

"야단났네, 거기 실장 돈도 있는데……"

어머니와 일하는 실험실 실장이 평양 외화상점에서 맛내기(조미료)를 사다 달라며 돈을 주었는데, 그 돈까지 도둑맞은 것이다. 월급쟁이 어머니가 큰돈 잃은 것이었다. 평양이모의 집에 들어서자마자 푸념하듯 어머니는 말했다. 평양에도 소매치기 있는 줄 몰랐다고.

나로서는 평양이모가 결혼식 축의금으로 들어온 백 달러 지폐를 정리하는 것을 보고 마음이 놓였다. 가난한 언니가 모처럼 평양에 왔고, 돈까지 잃어버려 울상인데 동정해서라도 달러 한 장 주겠지 기대한 것이었다. 김일성종합대학 어문학부 교수인 신랑과 평양 청류관 회계인 신부(사촌 언니)의 결혼 과정이 녹화 촬영되었다. 1987년 평양에서 결혼식을 녹화하여 천연색 CD로 제작하는 것은 특권층이 누리는 호사 중 호사였다. 그러니 달러 한 장쯤…….

천만에, 가득 쌓인 알록달록 고급 사탕과 과자를 비닐봉지에 담아 건넨 것이 전부였다. 평소 구경도 할 수 없는 사탕, 과자이니 과분하긴 하였다. 하지만 이모의 집에서는 상자 하나 비우는 정도에 불과했다. 아무 말 하지 않고 이모 앞에 서 있는 어머니가 작아 보였다. 어머니와 이모는 두 살 차이로 학력과 미모가 비슷했다. 나은 것이 있다면 지식 탐구에만 넋을 쏟아붓는 어머니와 달리 평양이모는 생글생글 웃는 애교 많은 여자, 특히 경제 감각이 뛰어났다.

기차 타고 집에 오니 초라한 내 집이 왜 그리 낯선지, 천국에서 지옥으로 옮겨 온 기분이었다. 일찍 철이 든 어린 마음속에 알지 못할 감정이 바닥을 내리쳤다. 잠들기 전 어머니가 조용히 말했다.

"앞으로 너희는 가난한 형제가 있으면 도와주며 살거라."

그날 밤은 잠이 오지 않았다. 책에서 보았던 왕자와 거지가 슬픈 환영으로 맴돌았다. 천성적으로 문학과 음악을 좋아했던 나는 아코디언 배우는 게 소원이었다. 학교 음악 소조(학원)에서 배울 수 있었으나 가난한 나에게는 언감생심이었다. 얼마나 갈망했는지 길을 걷다가도 아코디언 소리가 멀리서 들려오면 반사적으로 고개가 돌아갔다. 그토록 한 번만 만져보고 싶었던 아코디언이 이모의 집에는 두 대나 있었다. 평양이모의 자식들, 그러니까 나에게는 사촌 형제인 그들은 평양 만경대학생소년궁전에서 아코디언과 바이올린을 배웠고 해마다 진행되는 설맞이 공연에서 김일성과 사진을 찍었다.

이 얼마나 대조되는 삶인가. 백로의 반대편 서 있는

검은 새가 까마귀라 했던가. 백로는 공주이고 까마귀는 노예인가. 나는 백로가 될 수 없는가. 어린 마음이 슬픈 상념에 젖은 채로 까마귀의 나날을 보냈다. 그러다 외국 영화를 방영하는 TV 만수대 채널에서 「노예로부터 장군으로」라는 제목의 중국 영화를 방영한다기에 아버지의 공장에 갔다.* 열일곱 노예 소년이 징집된 이후 능력을 인정받아 장군으로 성장하는 내용이었다. 영화를 보고 한밤중에 집으로 돌아오며 마음속으로 외쳤다.

'노예로부터 장군이 되리라.'

불길처럼 온몸을 활활 태우며 안개 속을 헤치듯, 미래의 나에게 주문을 걸었다.

---

* 당시 보통 가정에 TV가 없어 공장 등 시설의 공공대합실에서 새까맣게 몰려든 마을 사람들과 함께 TV를 보곤 했다.

노동벌의 한계

고등학교 졸업 후 나는 자동차 단과대학 응시 자격을 받았다. 수능시험에서 합격한 학생은 본인의 지망에 따라 대학 입시 자격이 주어지는데 나는 1지망, 2지망, 3지망 모두 사범대학 어문학부를 적었다. 문과에 관심 있고 암기력을 타고 나 혁명역사학부를 선택하려 했다. 사범대학에서 혁명역사학부를 졸업하면 고등학교 교사로 배치되는데, 교사에서 당 간부로 출세한 동창생의 아버지를 보았기 때문이다. 나의 어머니는 반대했다. 체제가 바뀌면 혁명역사 전공자는 아무 데도 쓸모없어 살아남지 못한다고. 이과 전공자는 체제가 바뀌어 해외 망명하여도 살길이 열린다고 했다.

"차라리 어문학 공부해라."

어머니다운 선견지명이었다. 그리하여 사범대학 어문학으로 지망을 정했으나 응시할 수 없었다. 내가 다니던 중고등학교에서 받을 수 있는 사범대학 입시 자격 정원은 둘뿐이었고 간부 집 자식에게 배당되었다. 결국 자동차 단과대학에 응시하였다. 그러나 나는 이과 성적이 중간 수준도 못 되었다. 대학 입시에서 떨어진 게 당연했다.

당시 순천은 김일성의 관심으로 전국에 알려졌다. 석회석과 석탄이 풍부하게 매장된 순천에 비날론 공장을 건설한다면 인민 생활이 향상된다는 게 김일성의 주장이었다. 우수한 박사의 산소열법에 의한 칼슘카바이드 제조 기술에 근거한 것이었다. 1983년 약 40억 달러가 투자되어 연당리 넓은 논벌에 비날론 공장이 착공되었다. 수만여 명의 현역 군인과 제대군인이 비날론 공장 건설자로 배치됐다. 순천은 갑자기 젊은 도시로 활기가 넘쳤다. 그뿐인가. 「나는야 순천 처녀」라는 선전가요가 TV와 선전매체로 널리 보급되면서 전국의 청년들이 순천으로 몰려왔다.

젊은이 세뇌는 효과가 빠르다. 비날론 생산 공정의

심장부인 방사 공장 건설 현장에 자원했을 때 내 나이 17살이었다. 나는 희열에 넘쳤다. 열심히 일하면 충신으로 인정받아 김일성을 만날 기회가 있으리라는 확신이었다. 사람의 운명을 그 누가 알랴. 김일성과 한번 악수라도 한다면 신분은 수직으로 상승되지 않겠는가?

아침 8시부터 시멘트 벽돌을 등에 지고 사다리를 오르고 내리는 노동은 저녁 6시에 끝났다. 밤 8시부터 11시까지는 충성의 야간청년돌격대에 자원해 일했다. 365일 명절과 휴일이 따로 없었다. 밤낮으로 일하며 신분 상승을 염원하였다.

1987년 10월, 김일성이 불시에 건설 현장을 왔다 갔다. 밤중의 불시 시찰 이후 중앙당 간부들이 현장에 상주하며 노동 강도는 두 배 올라갔다. 미장 조력공은 2, 3층 높이에 있는 미장공에게 아래에서 모르타르[*]를 삽으로 던져주어야 한다. 이 업무는 미장 조력공의 일 중에서도 중노동이었는데 신분 상승을 꿈꾸던 어린 나는 늘 자원해 도맡았다. 그러나 야심으로도 미처 누를 수 없는 극심한 시장기로 눈앞이 노랗게 되면 그 높이

---

*   시멘트에 모래를 섞고 물로 갠 것

까지 오르지 못한 모르타르가 허공에서 흩어지곤 하였다. 그래도 멈추지 않고 다시 한 삽 뜨고는 삽에 뜨인 그 모양에서 송편을 상상하며 군침을 삼켰다.

1980년대 후반부터 국가 식량 배급에 구멍이 생기기 시작했다. 제대로 배급이 이루어지지 않다가 말 사료로 쓰이는 수입산 통밀을 나눠주기도 했다. 돌도 씹을 10대에 통밀밥 한 그릇은 노동에 필요한 에너지의 절반도 충당하지 못했다. 전국적으로 비날론 공장 건설을 지원하여 통돼지와 떡 등 물자가 도착했으나 수만 명의 민간 건설자와 또 수만 명의 군인 건설자들에게 공급하기에는 역부족이었다. 그러자 도둑질이 횡행했다. 특히 군인 건설자들의 물자 횡령 솜씨는 영화에 나오는 특수부대 군인들을 능가하였다. 오죽하면 순천에서 비날론 공장 건설에 동원됐던 303군부대를 '날공삼군부대'라 불렀다.

"혁띠로 허리를 꽉 졸라매봐. 배고픈 게 없어져."

함께 일하던 작업반 동료가 말했다. 그가 상의를 살짝 올려 허리와 배를 졸라매고 있는 군인용 혁띠를 보여주었다. 적위대(민방위대) 훈련에 사용하는 허리띠였다. 배고픔을 이기려는 그의 창발성에 기가 막혔다.

그를 따라 다음 날 군인용 혁띠를 허리에 차고 출근하였다. 일하다 배고픔이 밀려오면 나도 혁띠 고리 구멍을 바싹 조였다. 나뭇단을 힘껏 비끄러매듯이 허리를 졸라매면 위에서 내보내는 배고픔의 신호가 마비된다.

'당이 결심하면 우리는 한다'는 전투적 구호 아래 비날론 공장 건설자들은 말 그대로 허리띠를 졸라매고 일했다. 건설 현장 속보에 당의 충신으로 살아가고 있는 처녀가 있다며 내 이름이 대문만 한 속보로 나붙기도 했다. 그 효과는 청춘을 자극했다. 점심시간이나 휴식 때면 시멘트 블록을 의자 삼아 털썩 앉아서는 무릎에 수첩을 펼치고 시를 써 내려갔다. 청춘의 심장을 당에 바치겠다는 내용이었다. 「언제면 당원이 될 수 있을까」 「순천 비날론」 「낙원의 열 명 당원들처럼」 등 당시 내가 썼던 시들은 당 선전부 방송차 확성기로 용접불꽃이 불야성을 이루는 건설 현장 밤하늘에 울려 퍼졌다. 미처 스물도 안 된 여자가 배곯는 육체노동의 나날에 쓴 순천 비날론 오행시는 그야말로 '당의 충신'의 것이었다.

순탄한 길 내 바라지 않았노라
천리 길 만리 길 가는 그 길에

비바람 눈바람 휘몰아쳐 와도
날개 돋힌 청춘을 조국에 바칠 때
론증되리라 처녀 시절 내 심장 얼마나 붉은가가

공장 기업소마다 당의 지도하에 사로청(사회주의노동청년동맹, 현 사회주의애국청년동맹) 조직이 운영되는데, 내가 일하던 1급 기업소 사로청 조직에는 1000명에 가까운 청년이 있었다. 청년들의 사상적 이완을 막기 위해 기업소 사로청은 당에서 수시로 내려보내는 최고지도자의 노작*과 문헌, 당 정책 자료를 청년들에게 해설하는 모임을 조직한다. 스무 살 되었을 때 내게 청년해설원의 역할이 부여됐다. 초급 사로청위원장도 맡았다. 제대군인 청년 남성들을 제치고 스무 살 여자가 이런 직위를 얻은 것은 이례적인 일이었다. 조그만 계집애가 제대군인 남성들을 통솔한다니, 비위가 뒤틀린 남자도 많았다. 남자가 여자의 지시를 받는다고? 그것도 열 살이나 어린 여자에게? 그들 입장에서는 재수 없는 일이었다. 그러나 이미 윗선의 인정을 받은 나는 두려울 것

---

*   김일성의 연설과 정책 등을 묶어 출판한 책

이 없었다. 대놓고 빈정대는 제대군인 청년 남성도 있었으나 신경 쓰지 않았다. 그들의 정치조직 생활을 평가하는 입장이니 개별 평정 서류에 오점을 기록해 사상투쟁 무대에서 집중 비판을 받게 할 수 있었으나 그러지 않았다. '사람잡이'는 사소하게라도 금물이라는 원칙이 내게는 이미 있었다.

오히려 주 생활총화를 진행하기 전, 데이트가 약속된 청년이 있으면 보내주었다. 그리고 회의 기록에는 빠진 청년들도 참가한 것으로 남겼다. 로동당의 팔다리로서 청년들을 감시하고 통제해야 하는 하부 말단 사로청 간부가 오히려 그들의 사상과 조직 생활을 풀어주고 감싸주는 방파제 역할을 도맡은 것이었다. 점차 그들은 진심으로 나를 따르기 시작했다. 그들은 뒤에서 나를 '제쌈'이라 평가했다. 당의 규율과 원칙에 얽매이지 않고 일을 시원시원하고 융통성 있게 처리하는 남자를 제쌈이라고 한다. 보통 군대 갔다 온 남자가 사람 구실을 한다는 인식이 있어 괜찮은 제대군인 남자를 제쌈이라 불렀다. 그렇게 원칙에 얽매이지 않고 이끄니 기업소 사로청 조직에서도 '모범조직'으로 평가되었다.

이어 사로청 중앙기관지 『청년전위』 객원기자로

발탁되었다. 연합기업소 사로청 조직 3~5만 명 가운데 객원기자는 단 한 명이었으니 이 또한 대단한 감투였다. 기자는 사로청 간부들과 청년들을 취재하여 기사로 작성한다. 손 글씨로 완성한 기사는 봉투에 넣어 평양시 중구역에 있는 『청년전위』 신문사 2층 편집부로 우편 발송한다. 그러면 전국에서 투고한 기사 중에 참신한 주제와 사상성이 인정된 기사를 신문사 편집부가 선택하여 게재한다.

내가 쓴 첫 기사는 대중가요 「내 나라 제일로 좋아」에 대한 청년들의 반응이었다. 기사가 나왔을 때 생애 처음으로 사람값을 한 것 같은 희열을 느꼈다. 북한에서 기자라면 지식인 엘리트층이다. 기업소를 거닐고 있으면 동료들이 "기자 동지"라 부르며 나를 반겨주었다. 노예가 이제야 사람이 된 것 같았다. 그다음 해 기업소 사로청위원장이 불량 청년을 교양한 경험을 취재하여 투고하였고 그 기사가 크게 게재되면서 간부들의 관심마저 끌었다.

야간 작업 마치고 집에 들어오면 밤 11시, 형제들이 자고 있는 방 한쪽 구석에 밥상을 펴놓고 『김일성 선집』과 강연 자료를 정독하여 해설 자료를 준비하고, 초급 사로청 조직 월 집행계획서와 업무 분장 계획서, 주 생활총화 진행 경과 보고서를 정리하고 나면 새벽 1시가 된다. 이후 취재 내용을 기사로 쓰고 나면 새벽 2시는 보통이었다. 그래도 한발 한발 신분 상승에 다가서는 것이라 믿었다. 낮에는 일하고 밤에는 글 쓰던 나의 삶은 그야말로 당의 참된 딸이었다.

마침내 비날론 공장 1단계 준공식이 다가왔다. 김일성이 참여하는 첫 행사였다. 1989년 7월의 밤, 당 조직에서는 핵심 청년들을 선발하여 김일성이 온다는 도로 구간에 잔돌 하나 있을세라 청소 작업을 조직했다. 나는 맨손에 걸레 쥐고 정성으로 도로를 닦고 닦았다.

다음 날 오전, 준공식 행사 연도에 늘어선 환영 인파 속으로 까만 승용차들이 들어왔다. 김일성이 내리자 만세 환호가 터져 올랐다. 한 여성이 김일성에게 아름다운 꽃다발을 두 손으로 바쳤다. 나도 잘 아는 기동예술선전대 여성이었다. 건설 현장에서 마이크를 손에 쥐고 노래 부르던 20대 여성, 당의 선전 방식을 그대로 빌린 표현으로는 '얼굴은 고와도 사상적 알맹이기 없는' 여자였다. 그 순간, 인민학교 국어 시간에 배웠던 '개미와 매미'가 떠올랐다. 여름철 개미는 열심히 일하는데 맴매 노래하며 놀던 매미는 닥쳐온 겨울에 먹을 것이 없어 눈물을 흘렸다는 내용이다. 그런데 현실은 매미처럼 노래하던 선전대 여성이 김일성 앞에 간택된 것이었다.

　나는 환영 인파 가운데 만세를 외치며 꽃을 흔드는 장식 객에 불과했다. 함께 일해온 제대군인 청년 건설자들은 자기가 서 있는 연도 앞으로 김일성이 지나가자 감전된 듯 온몸을 떨며 '만세' '만세' 꽃을 흔들었다. 너무도 완벽한 철통 그물의 사상적 세뇌가 청년들의 유연한 사고와 의식을 무지의 신앙으로 주조한 것 같은 집단 광기였다. 그 광기가 무너지지 않도록 지금껏 나는 당의 사상을 선전 선동하는 데 앞장서지 않았던가? 그러나…… 땀과 열정을 깡그리 당에 바쳐온 내가 마침내 매미에게 뒤통수를 얻어맞는 순간이었다. 나는 인간이 된 것이 맞는가?

　사회생활 초년기 체험한 좌절은 나의 입지를 계급으로 인식한 첫 계기였다. 북한 사회에서 직업을 순번으로 정했을 때 나는 몇 번째 순서일까 생각한 것도 이 시기였다. 하부로 내려갈수록 계급의 신분을 치고 올라갈 희망은 적어진다. 일그러진 표정으로 계급을 허무는 공상을 해봐도 쓸데없는 짓이다. 낙담이 밀려왔다.

나는 '자기 운명의 주인은 자기 자신'이라는 주체사상 신봉자였다. 육은 죽어도 영은 영생한다는 사회정치적 생명론이 바로 주체사상을 뒷받침한다. 정치적 생명이 없는 사람은 살아도 죽은 목숨과 같으니, 운명의 주인으로서 자신을 개척하려면 정치적 생명을 안겨주는 수령에게 충성해야 한다는 게 주체사상의 핵심이다.

비날론 공장 준공식 총화에서 나는 '3차 7개년계획 완수 청년봉화상' 훈장과 '모란봉' 시계를 받았다. 공로메달도 받았다. 한편 내가 소속되었던 청년작업반 반장은 기업소 행정 간부로 출세했고, 내가 자원하여 일했던 충성의 야간청년돌격대 대장은 김일성청년영예상을 받고 연합당 위원회 간부로 출세했다.

"우리를 희생해 쟤들만 출세했네."

현장에서 뺀들뺀들 몸을 사린다고 하여 '노랑 쥐'라는 별명이 따라다녔던 제대군인 청년이 던진 말이었다. 그때에야 나는 그의 입에서 나오던 불평불만이 이미 이 사회를 통찰하고 있는 의식이었음을 알았다. 그의 말이 옳았다. 내가 받은 훈장과 메달은 '노동벌은 여기까지'라는 명확한 한계를 그어준 신분 도장이었다.

평양에서 처음 배운
자본주의 시장

1991년 10월, 모범 청년 세 명에게 평양 견학 표창이 내려왔다. 그중 한 명으로 내가 선발되었다. 청년 일꾼으로 양성하려는 의도였다. 하지만 내 마음은 이미 변해가고 있었다. 가슴 속 저변에 숨죽이고 있는 이질화된 자아를 숨기고 평양행 열차에 타던 그날은 뭉게뭉게 구름 사이 햇살이 비추던 가을이었다.

평양 견학 기간, 통일거리 건설장을 돌아보는 일정이 있었다. 수도 평양을 문명 도시로 꾸린다는 정책 하에 1980년대 광복거리에 3만 세대가 완공된 데 이어 1990년대 통일거리에 3만 세대 1단계 건설이 한창이던 차였다. 내각 건설부와 수도건설위원회가 건설을 지휘했고, 전국의 청년들과 군인들이 건설에 동원되었다. 그곳에서 청년들이 일하는 모습을 보는 순간 번뜩, 통일거리 건설에 자원해야겠다는 생각이 스쳤다. 저들은 평양에서 일하지 않는가. 통일거리 3만 세대 1단계 건설이 2단계로 이어지니 최소 3~4년은 평양에서 살 수 있었다.

평양은 지방 사람들이 들어오지 못하는 특수 영역이었다. 하도 봉쇄하니 평양 사람과 지방 사람은 타국인처럼 인식될 정도다. '평양 사람들은 모두 미인에다 촌놈인 나보다 우아하게 옷을 입고 우아하게 걷겠지. 밥도 우아하게 먹을까?' 이런 허황된 생각이 보편적일 지경이었으니 고대 그리스의 이야기꾼 이솝이 평양에서 살았다면 이 같은 현실을 우화로 썼을지도 모른다.

평양 구경 한번 못 하고 세상을 떠나는 사람이 부지기수인데, 이 기회를 놓친다면 바보다 싶었다.

'머슴으로 살아도 큰 집 머슴으로 살자.'

앞뒤 따지지 않고 통일거리 건설 지휘부를 찾아갔다. 수도 건설에 자원하겠다는 탄원은 그 자리에서 승인되었다. 이리하여 나는 작업복 한 벌 없이 여행 가방 하나 들고 평양 견학 왔다가 그대로 통일거리 건설 남산여단 1대대 1중대 3소대에 배치되었다. 내가 속한 1대대는 함흥과 단천 지역 청년이 대부분이었다. 식권으로 밥을 먹는 통일거리 건설장 식당 식사는 괜찮은 편이었다. 다만 겨울이면 잠자리가 정말 추웠는데, 땅바닥에 놓인 매트리스 위에서 한두 장의 담요를 덮고 잤다. 누가 문제 제기를 했는지 어느 날 청년돌격대원들이 어디로 나가더니 볏짚 북데기를 한가득 메고 들어왔다. 그 볏짚을 매트리스 밑에 두껍게 까니 한결 나았다. 고향에서도 추운 겨울이면 나의 앞집에서 애지중지 키우는 돼지들에게 북데기를 가득가득 깔아주던 이유를 체감하였다.

어쩌면 평양에서의 돌격대 생활은 날것 그대로의 원초적 인간을 배운 현장이었다. 공교육으로 배울 수 없었던 희로애락이랄까. 밤이면 숙소에서 「바람 바람 바람」*을 통기타로 치면서 다 같이 노래하다 누군가 가져온 콩 단에 불을 지피고 고소하게 익어가는 콩알을

---

* 대한민국에서 1985년 발매된 그 노래다. 1980년대 초부터 한국 대중가요는 비공식적으로 유통되었는데 2000년대에 시작된 공식 문화 교류 이전 북한에서는 한국 노래인 줄 모르고 부르는 경우가 많았다.

먹던 그때가 잊히지 않는다.

평양에서 일한 지 6개월 차, 기업소에서 소식이 왔다. 입당 대상자로 선정되었다고 했다. 대열 참모가 그 소식을 전할 때 눈물이 날 만큼 기뻤다. 얼마나 갈망했던 입당이던가. 그날은 어떻게 일하고 밥을 먹었는지 종일 마음이 둥둥 떠 있었다. 하지만 양손에 떡을 쥐고 서성이는 모양새였다. 만약 입당하고 이대로 고향에 돌아간다면 평양에 다시 들어올 수 없다는 생각에서였다. 금덩이를 두고 가는 아쉬움이 이런 것일까. 그토록 소원했던 입당을 망설인 이유가 있었다. 나는 평양에서 지내며 장사에 막 눈을 뜬 참이었다. 그 매력이 강하게 나를 흡인하며 입당의 가치를 밀어내고 있었던 것이다.

평양에서 처음 장사를 배운 것은 사탕이 계기였다. 지방과 달리 평양 시민들은 매달 국가로부터 사탕을 공급받는다. 평양 건설에 동원된 사람들에게도 매달 500그램의 사탕이 나왔다. 평양에서는 '송팔사탕'*이라며

---

* 평양 무궤도 버스가 출발하는 송신역에서 사탕 한 알 입에 넣으면 팔골역 종점 도착할 때까지 입 안에 남아 있어 '송팔사탕'이라고 말했다. 사탕 품질이 안 좋다는 의미다.

비하되었으나 지방에서는 구경도 할 수 없는 물건이다. 김일성과 김정일 생일 기념으로 어린이들에게 공급하는 1킬로의 당과류가 전부였고 농민시장에서 엿가락은 팔아도 사탕은 없었다.

어머니 생일인 음력 2월 7일, 휴가를 받고 고향 집으로 가려는데 돌격대 소대장이 사탕 꾸러미를 건네주었다. 단천 출신 청년인 소대장은 말수가 적으나 속이 깊어 고향으로 가는 소대 청년들을 반드시 챙겨줬다. 물론 소대장이라 하여 물자를 축적할 수 있는 세상은 아니니 소대 청년들이 매달 공급받은 평양사탕을 곗돈처럼 모은 것을 돌아가며 몰아주었을 따름이다. 소대 인원이 20명이면 최소 10킬로의 사탕이 모인다. 나는 15킬로나 되는 평양사탕과 베개빵을 배낭에 지고 집으로 왔다. 아기 베개만 한 이 효모 빵 역시 평양에서만 생산되는 것이어서 수도 특산물로 통했다. 처음 내 손으로 어머니의 생일상에 평양 빵과 사탕을 올려놓으니 대단한 효녀가 된 기분이었다. 그날 제약공장에서 일하는 친구도 왔었는데, 그에게 평양사탕 1킬로를 주었다. 친구는 귀한 선물을 받은 듯 무척 좋아했다.

다음 날 그 친구가 다시 집으로 찾아왔다.

"평양사탕 더 있니?"

염치가 있는 친구인데, 평양사탕 또 있냐고 묻는다. 의아한 눈빛으로 그를 바라보자 벙실벙실 웃으며 그가 말했다.

"내가 팔아줄게."

"사탕을 판다고?"

장사가 무엇인지 개념조차 몰랐던 나였다.

"그거 사겠다고 막 덤베따 치지 않니?(달려들지 않겠니?)"

친구는 항생소 페니실린 분장작업반에서 일했다. 제약공장은 3교대로 가동한다. 중교대 나갔다가 함께 일하는 작업반원들에게 평양사탕이라며 자랑삼아 몇 알 주었더니 너도나도 어디서 샀냐며 부탁하더란다.

"평양사탕 팔아줄게."

5킬로 정도의 사탕을 봉지에 담아주자 그는 페니실린 50대를 가져왔다. 페니실린 분장작업반은 원료 분말을 약병에 넣고 봉하는 공정을 담당하는 곳이다. 페니실린 10대를 몰래 갖고 나오는 건 시은 죽 먹기나. 1990년대 초부터 페니실린 주사약은 암시장에서 거래되고 있어 현금이나 마찬가지였다. 평양사탕 1킬로에 페니실린 10대를 교환한 것이다.

    나는 사탕과 교환된 페니실린 주사약을 평양으로 갖고 왔다. 평양사탕이 지방에서 팔렸으니 지방 특산물도 평양 송신시장에서 팔 수 있겠다는 생각이었다. 당시 평양에서는 송신에 자리한 농민시장이 유명했다. 텃밭 채소나 달걀을 비롯한 농산품을 팔도록 국가가 허용한 전통시장이나, 다양한 공산품이 암거래되었다.

    휴일, 페니실린 주사약을 손가방에 넣고 송신시장으로 가는 버스에 올랐다. 역에서 조금 걸어가면 시장이 있었다. 주로 할머니들이 농산품을 팔고 있다. 과일을 파는 할머니가 보였는데, 과일 한옆에 영신환(한약 소화제)이 보였다. 위장된 약장사였다.

    "페니 받을래요?"

    주위를 둘러보며 조심스레 물었다. 장사가 처음이라 긴장했다. 거절하면 어쩌나 조바심이 드는 순간.

    "현품 있어?"

    할머니가 거침없이 물었다.

    "네, 있어요."

    할머니 앞에 있는 과일을 사는 척, 그 앞에 마주 앉아 손가방을 열었다. 할머니의 오른손이 가방 안에 있는 페니실린 약병을 이리저리 돌려 무엇인가 확인한다. 곧 배꼽 아래 차고 있던 가방을 열더니 페니실린 약병을 옮겨 넣었다. 그러고는 나에게 1대당 20원 계산하여 돈을 건네주었다. 당시 공장노동자 월급이 50~60원이었다.

"더 있으면 더 가져와."

통째로 받겠다는 말이었다.

그때 평양병원에도 의약품이 제대로 공급되지 않아 의약품 암시장이 생겼다는 사실을 알았다. 이러한 빈틈을 평양 할머니는 꿰뚫고 있었다. 나라의 경제가 휘청거리며 수입산 원료에 의존해야 하는 신약 생산성이 하락하자 북한은 국내 약초를 원료로 하여 한약 생산을 늘리도록 하였다. 하지만 수술 환자나 독감 환자에게 시급한 것은 페니실린 항생제 같은 신약이었다.

평양사탕으로 장사를 배운 후 통일거리 운수대대 연료 창고로 자리를 옮겼다. 평양-순천 간 거리는 40킬로미터 정도로 멀지 않다. 운전기사에게 부탁하면 밤중에 왕복이 가능한 거리였다. 그렇게 페니실린 수백 대를 순천에서 평양 송신시장으로 가져가면 송신시장 할머니는 맞돈을 주었다. 지방에 자리한 농민시장 할머니와 평양 농민시장 할머니는 '사이즈'가 달랐다.

당시 지방에도 장사에 일찍 눈이 튼 여성들이 있었는데, 나의 언니도 그들 중 한 사람이었다. 언니의 장사는 판도가 또 달랐다. 내가 평양 송신시장 할머니 대상으로 장사를 했다면 언니는 평양의 병원과 백화점, 상점이 주 거래 대상이었다. 나는 페니실린을 평양에 넘기고 돈을 받는 것으로 그쳤다면 나의 언니는 페니실린을 평양병원에 넘기고, 그 돈으로 평양 낙원백화점과 외화상점에서 수입 상품을 사들여 지방에 넘기면서 몇 배의 이윤을 남겼다.

나도 언니의 장사 방식을 따라 배웠다. 당시 지방도시에서 유행되던 옷이 있었다. 공기동복(패딩)으로 불리던 방수동복과 빨간색 격자 점퍼, '달러마후라'로 불리던 사각수건(큰 목도리), 클러치 가방 등은 평양 낙원백화점과 평양 외화상점이 독점 수입하여 판매하던 이른바 '자본주의 시장 상품'이었다. 지방에서 볼 수 없는 자본주의 상품을 평양 상업망에서도 특권층 대상으로 운영되는 낙원백화점이 거의 독점했는데, 이러한 상품은 희소성이 있어 지방에 나가면 불티나게 팔렸다. 유일 집권당 조선로동당이 그토록 적대시하도록 선전

해왔던 '썩어빠진 자본주의 날라리 문화'가 일찍 등장한 지방 상인들의 장사 활동으로 전국 곳곳에 가랑비처럼 스며들고 있었다.

평양에서 처음 배운 자본주의 시장은 노동벌의 한계를 고민하던 내게 처음으로 어떤 탈출구를 보여주었다. 맹목적으로 충성하는 삶과 장사로 개척하는 삶은 능동성의 차원이 다르다는 것을 깨우치지 않을 수 없었다.

'당에 충성하면 대가가 없지만 장마당에 충성하면 대가가 있다.'

입당을 포기한 이유였다.

몰락과 기회

1994년 7월, 중대 보도를 시청하라는 3방송이 울렸다. 전파를 이용해 국내외 송출되는 지방 방송이 무선 방송이라면, 대외 전파될 우려를 막기 위해 유선으로 송출되는 중앙 방송이 3방송이다. 집마다 유선으로 설치된 스피커로 아침 5시부터 밤 10시까지 지방 방송이 나오다가 중대 보도를 해야 할 경우 '조선중앙 제3방송'으로 보도한다.

중앙 방송이든 지방 방송이든 매일 반복되는 정치 선동이어서 이날도 나는 귓등으로 흘렸다.

"중대 보도는 무슨 말라빠진…… 전쟁 일어난 것도 아니고."

"미국 놈이 대낮에 들어오겠어? 그 소리 그 소리겠지."

사회가 지나치게 정치화되면 대중은 오히려 무감각해진다. 형제들과 집에서 우스개 농담으로 점심 먹으려는데, 침통한 목소리가 울렸다. 김일성이 사망했다고. 믿기지 않았다. 충격 자체였다. 사랑하던 사람이 갑자기 사망해 오열을 터트리는 충격은 아니었다. 땅을 치며 통곡하는 사람들의 모습이 내내 송출되었는데, 나는 눈물이 안 나왔다. 중요한 사실을 깨달았을 뿐.

하늘의 태양이 죽다니? 태어나서부터 김일성은 태양처럼 영생한다고 교육받아왔다. 그러니 태양의 죽음은 상상도 못 했다. 그런데 분명 태양이 죽었다는 보도가 나오지 않는가. 동쪽에서 뜨는 해가 서산으로 지는 게 자연의 섭리라면, 세상에 태어났다 노사하여 흙으로 돌아가는 게 인간사라는 너무도 당연한 이치를 김일성의 사망으로 깨달았다. 그렇다. 김일성도 세끼 밥 먹고 똥을 싸다가 생을 마감하는 인간이었다. 인간이어서 죽은 것이다. 신격화의 허상을 깨닫고 나니 세상이 다르게 보였다.

북한 사회가 혼란의 늪에 빠져 들었다. 전조를 보

이던 식량배급제가 완전히 무너졌고 평양 시민에게 특별 공급되던 사탕과 식량도 중단되었다. 어린 손자가 굶어 죽는 참사를 막아내려면 노인이 먼저 죽어야 한다며 입었던 치마를 뒤집어쓰고 대동강에 뛰어든 할머니가 평양에서도 나왔다.

지방에서는 아사자가 급증해 시신 처리 전담반이 조직되었다. 미처 처리 못 한 부패한 시신과 장마철 곳곳에서 흘러넘치는 오염수로 인해 콜레라와 장티푸스 전염병이 전국을 휩쓸었다. 이 전염병은 현대 의학으로 완치 가능했으나 북한 병원에는 수액조차 없었다. 병원 복도마다 수액이 급한 전염병 환자들이 옥수수 마대처럼 널려 있었는데, 수액을 맞지 못한 채 탈수로 사망했다. 전국을 강타한 콜레라, 장티푸스, 파라티푸스에 병원에서는 신토미찐을 공급해야 했으나 현품이 없었다. 신토미찐은 황색 알약으로 유통되던 항생제다. 신토미찐이 전염병에 특효라는 의사의 진단에 수많은 사람이 시장을 누볐으나 구하지 못하고 죽어갔다. 그래도 정부는 손을 놓고 있었다.

내가 신토미찐과 아스피린 알약을 만든 계기가 이때다. 물론 불법이다. 병원 약사들부터 하여 일반 사람도 아주 드물게 손을 대기 시작했는데, 나도 그중 한 사람이었다. 원료 구입이 우선 중요했다. 어디로 가서 누구를 만나야 구입할 수 있는지를 아무도 몰랐다. 신토미찐 원료는 나남제약공장에서, 아스피린 원료는 순천제약공장에서 생산된다는 것은 알려져 있었으나 제약공장들은 가동이 멎은 상황이었다.

어머니를 따라 어릴 때부터 제약공장에 자주 갔으므로 공장 구조는 파악하고 있었다. 공장 4호 창고에 원료와 약품이 전쟁 예비 물자로 보관되어 있다는 사실도 알았다. 원료를 구입하려면 4호 창고장을 만나야 한다. 원래대로라면 전쟁 예비 물자를 거래하는 것은 불가능하다. 그런데 이제는 가능해졌다. 국가로부터 식량과 월급을 받지 못한 간부들이 국가 자재와 원료를 팔기 시작했다. 죽은 정승 살아 있는 개보다 못하다는 속담은 당시 현실을 그대로 반영했다. 생존 앞에서는 누구라도 어쩔 수 없다. 공장 간부들을 통해 알약 원료가 개인에게 들어가는 암시장 경로는 이렇게 태동했다.

약학대학 문전에도 못 가본 내가 알약 제조를 시작한 것은 혼란한 사회가 제공한 기회였다. 병원 약사에게 돈을 주고 배웠던 알약 제조 방식은 배합 비율부터 어느 손가락에 얼마만 한 힘을 주어야 하는지까지 지금도 빠짐없이 기억하고 있다.『노동신문』을 반듯이 펴놓고 수동식 기계로 한 알씩, 신문지 한 면에 빼곡히 찍으면 2000알이다. 찍어놓은 알약은 아랫목에서 건조한 이후 하얀 종이를 오려 만든 속지에 12알씩 포장한다. 이후 평양상표공장에서 인쇄한 포장지로 싸 완성한다.

   1년 후에는 한 번에 10알 이상 찍어내는 반자동 기계가 시장에 나왔다. 군수공장, 기계공장 선반공의 발명품이었다. 그들은 본 적도 없는 알약 기계의 성능을 연구하여 도면으로 그려 냈다. 그러고는 공장에 전기가 공급되는 시간을 기다리고 있다가 알약 기계 부품을 깎아냈다. 어디서 사 오는지 기계를 만드는 철판 자재도 용케 구해다 만들었다.

   이 시기 시장은 개인의 재능을 끌어내는 힘이었다. 제각각의 노력으로 이내 한 번에 수십 알씩 찍어내는 자동 기계까지 등장하였다. 기계 발전에 따라 반죽 공정도 조금씩 달라졌는데 지체 없이 익히고 밤낮없이 찍어냈다. 알약은 퇴직한 의사나 타 지역 상인들이 통째로 사 갔다. 밤새워 생산해도 찍는 속도가 따라잡지 못할 정도로 잘 팔렸다. 두 명의 일공을 고용했음에도 시장 수요를 충족하지 못했다.

그러던 중 우연히 공군부대 군의장과 연애하는 친구를 통해 방법을 알았다. 순천에는 평양을 보위하는 최정예 공군부대가 자리하고 있다. 공군부대에는 비행사들과 노무자들에게 약품을 공급하는 24호 약품 관리소가 있었다. 각종 전투기가 노천과 갱도에 배치된 비행장은 시내에서 떨어진 북창리 산골이다. 접근이 어렵다는 말이다. 하지만 공군부대에 약품을 공급하는 24호 약품 관리소는 순천 시내 석수동 산턱 아래 있었다. 이곳에 알약을 제조하는 수입산 설비가 있다고 친구가 말해주었다.

수입산 설비로 알약을 제조하면 개인이 며칠 밤새워 찍어내던 대량의 알약을 한 시간에 찍는다. 게다가 이런 알약은 모양이 단단하고 균일하여 국제 적십자 단체에서 북한에 지원해준 정품 알약과 같은 품질로 인정받았다.

"군의장하고 연결해줄래?"

"그럼 네가 하는 장사 배워주라마."

항상 새물새물 웃는 아련하고 선한 인상이었던 친구의 대답에 잠시 놀랐다.

"장사?"

"응, 약 만드는 거."

알약 원료와 자재를 사는 것부터 그것을 배합하는 기술까지 전수해달라는 조건이었다. 그는 □□기관 전화 교환수로 근무하고 있었다. 내비친 적 없지만 약장사로 돈을 버는 친구가 부러웠던 참에 '마침이다' 싶어 나에게 흥정을 내건 것이다.

"너도 이젠 깼구나."

내가 말했다. 하기는 변화해야 살 수 있는 세상이었다. 사회주의 도덕으로 뭉쳐졌던 우리 우정은 이를 계기로 속성을 바꾸게 되었다. 집단 윤리에 기초한 우정이 성스러운 감정에 좌우된다면 자본주의 이해관계에 기초한 우정은 신용으로 협력하여 단단하게 묶인다.

친구가 소개한 군의장을 만나려고 공군부대 약품관리소에 가면서도 우려가 없지 않았다. '엄엄하고 원칙밖에 모르는 군관이면 어쩌나. 어깨에 힘을 주고 안 된다고 자르면 어쩌나.' 공군부대는 육군이나 해군보다 대우도 높은 편이니 과연 장사꾼과 거래하겠다고 할까 싶었다. 결과적으로는 괜한 걱정이었다. 허울을 던지고 너도나도 시장에 발을 대던 시기, 공군 장교도 마찬가지였다. 군의장은 수입 설비로 알약을 제조하는 비용을 무게당 현금으로 달라고 했다. 절도 있는 자세가 밴 군인은 시장 거래에도 절도가 있었다. 10킬로 배합물을 그에게 건네주면 이틀 이내 수입 설비로 찍어주었는데, 그 자리에서 제조 비용을 현금으로 넘겼다.

허름한 베개 안에 차곡차곡 돈다발이 쌓이기 시작했다. 장사는 한 단계 올라섰다. 알약 제조에 앞서, 기술을 도입해 페니실린 원료부터 제조하는 단계에 들어선 것이다. 페니실린 원료를 제조하는 기술은 남동생이 독학으로 연구했다. 남동생은 교육기관에서 수재 학생에게 수여하는 7·15최우등상을 받을 정도로 머리가 좋았다. 그는 고등학교 졸업 후 이과대학 입학 허가를 받았으나 자진하여 군에 입대했다. 당시 북한에서 군 복무는 의무제가 아니었고 특히 외아들은 면제되던 시기였다. 그런데 조국이 통일된다는 선전이 강화되던 1990년, '통일 병사'가 되겠다며 가족의 반대를 물리치고 입대하였다. 길주군 화대리에서 군 복무하던 남동생은 영양실조로 감정제대(의가사제대) 처리되고서야 심성이 달라졌다. 이후 그의 뇌는 시장을 개척하는 기술 연구에 집중했는데, 그렇게 연구한 기술이 바로 페니실린 원료 제조다.

"비밀 지켜야 돼."

남동생의 말이었다. 장마당을 선점하며 성공할 수 있었던 데는 남동생에게 전수받은 기술도 무시할 수 없는 역할을 했다. 기술이 동반될 때 장사는 고수익을 남긴다는 것을 실전으로 깨우쳤다.

본래 공장 무균실에서 작업하는 원료 추출 공정을 집에서 하다 보니 집을 항상 최대한 깨끗하게 소독했다. 1초를 허투루 쓰지 않고 섬세하게 제조한 결정을 뜨거운 온도에서 건조하고, 그 원료 분말이 습도에 상하지 않도록 밀폐 포장한다. 5리터 정도의 페니실린 농축액을 추출하면 원료 분말 1킬로가 나온다. 100만~200만 단위 페니실린 한 병에 들어가는 원료가 0.6~1.2그램인 것을 감안하면 수익이 적지 않다.

항생제 원료를 제조하는 사람은 손꼽을 정도였다. 그 원료를 사들인 사람들은 자택에서 페니실린 주사약을 만들었고, 그 주사약들은 순천으로 몰려든 전국 상인들을 통해 각 지역 병원과 장마당으로 유통되었다. 페니실린 주사약을 나르는 위장술은 탐정도 울고 간다. 탄띠 모양의 위장망을 만들어 그 안에 페니실린 수백

대를 넣은 후 그것을 몸에 두른다. 누렇게 익은 커다란 호박 속을 파내고 그 안에 차곡차곡 넣어도 페니실린 주사약 100대는 거뜬히 들어간다. 그런 호박을 서너 개 준비하면 약 장사가 아니라 호박 장사로 둔갑된다.

수백만 명이 굶어 죽는 동안 살아남은 이들 가운데서 최초의 돈주(부유층) 1세대가 탄생했고 내가 그중 하나가 되었다. 내가 부르는 게 전국 병원의, 장마당의 상품 가격이 되었다. 내가 세상을 움직이고 있다고 느껴졌다. 분명 당이 모든 것을 틀어쥐고 있었건만 정신을 차려보니 지금껏 상상도 못 했던 힘이 내 손안에 있었다. 상품 가격으로 세상의 변화를 견인하고 있다는 희열은 당의 인정으로 신분이 상승하는 따위의 기쁨과는 질적으로 달랐다.

전국의 의사, 대학교수, 국가과학원 박사들도 페니실린 주사약을 나르며 돈을 벌었다. 계급 관계없이 깬 사람은 장사하는 시대가 막이 오른 것이다.

3부

돈으로 사들인 사회주의 권력

고철가격 처녀

"결혼 안 하니?"

"넌 무슨 재미에 사니? 돈 버는 재미에 사니?"

당시 나를 아는 사람은 누구나 말했다.

"해야지, 그런데 그게 어디 말처럼 쉬운 일인가. 국가 밥 먹고 양심 없이 생겼는데 누가 쳐다보겠냐고."

농담으로 넘겨도 이웃의 말은 계속 이어졌다. 그래도 여유를 부렸건만, 마음이 조급해지기 시작한 건 여동생에게 중매가 들어온 날이었다. 여동생은 언니처럼 두살이*가 아니었다. 훤칠하게 잘생긴 남자가 평양 호

---

* 남자에게 맞서는 여자

위국 제복 입고 선보러 왔는데, 눈치 있게 피해주면서도 기분이 싸했다. 몇 달 후 남동생까지 연애하는 여자를 누이에게 소개했다. 나이 든 처녀가 장벽처럼 버티고 결혼하지 않으니 자기의 혼기까지 늦어질까 걱정하는 모양새였다.

동생들의 마음이 이해되었다. 만약 친누이가 비혼 여성이라면 어디가 부실해 시집가지 못한다는 식으로 일가에 흠이 되었다. 이러한 인식은 결혼하지 않고서는 여성이 스스로 살아갈 수 없도록 만들어진 제도의 영향이었다. 북한에서는 먹고(식) 입고(의) 사는 살림집(주)을 국가가 공급하는데 이 모든 것이 남편을 통해 가족에게 공급되는 체계다.

물론 혼기가 지난 여성이라도 공장에서 일하면 식량과 월급을 받을 수 있다. 그러나 20대가 지나도록 결혼하지 않고 일을 할 경우 여자 값에 못 산다는(여자답지 않다는) 부정적 인식이 따라다닌다. 암묵적인 비난도 넘기기 어려운 수준이지만 대놓고 놀리는 남성들의 걸죽한 희롱에다 자기혐오까지 짊어져야 하는 버거움이 따른다. 결혼 안 한 딸이 있다는 이유만으로 온 가족이 동네 구설에 오르내리다 보니 헌 신이라도 찾아 딸을 결혼시키는 게 보통이다. 여성의 혼기로는 23세가 금값, 24세면 동값, 25세면 고철값이라 했다. 내 나이 27세이니 고철을 넘어 파고철값이었다. 파고철 여자를 누가 주워 갈까 하였으나 동생들을 생각하니 서둘러야 했다.

중매로 남자들을 만나보았으나 번번이 퇴짜였다.

"눈이 삐어졌나."

동정 어린 말투로 중매꾼이 말했다.

"삐어지긴요?"

나는 알았다. 내가 남자라도 나 같은 여자를 퇴짜 놓을 것이다. 흔히 여자가 총각과 마주 앉아 선을 보면 얌전하게 눈길을 내리깔고 있다가 남자의 물음에 조신한 목소리로 대답해야 하는 것이 정석이었다. 그런데 나는 어떤 여자였는가. 그러지 않아도 눈빛이며 주장까지 강하다는 말을 듣는데, 총각을 정면으로 쳐다보고 말하니 정숙하지 못한 여자로 취급되어 총각마다 실망해 일어나는 것이었다. 총각 앞에서 얌전한 여자로 흉내 내면서 없는 애교로 생색내는 건 내 재간이 아니었다. 애초에 선을 보는 공간부터가 남자의 권역인 게 솔직히 싫었다. 여자라는 명분으로 본의 아닌 나를 왜곡한다면 결혼 후에 남편을 영원히 수령으로 모셔야 한다. 서로 보여주고 볼 수 있는 자리가 선으로, 결혼을 설계하는 자리라고 생각하였다. 장단점을 제대로 파악해야 평등한 결혼이 성사될 게 아닌가.

결혼에 평등이란 없다는 것도 모르지 않았다. 남성을 통하여 아내와 자식의 식의주 근간을 공급하는 정책이 수십 년간 지속되니 북한의 성 위계는 굳건하여, 선을 보는 자리부터 남성이 주체로 여성을 보는 영역이 되어 있다. 여자의 마음에 들어도 남자가 마음에 없으면 결혼이 성사되지 않는다는 말도 이 때문이다. 배우자 선택권이 남자에게 주어졌다는 말이다. 그러니 남자가 백번 찍으면 여자가 넘어오지만, 여자가 남자를 한 번이라도 찍는다는 말은 애초에 없다.

그래도 좋았다. 여자가 남자를 선택하는 결혼을 해볼 것이다. 배짱 하나로 가능하겠는가. 제도적 거세가 일어나지 않는 한 무모한 도전이었다. '남자로 태어났다면 얼마나 좋았을까.' 허무한 생각도 해보았다. 그런데 뜻밖에 거세에 가까운 변화가 일어났다. 공권력의 변혁에 의한 거세가 아니라 부뚜막 여성들의 '생존 활동으로 말미암은 변화, 바로 식량배급제가 무너지며 시작된 장마당 혁명이다. 사회주의 깃발이 장마당에 밀리더니 여자가 주도하는 결혼의 가능성이 태동했다. 여자가 남자를 선택하는 사랑과 결혼의 가능성 말이다.

이러한 변화는 여자를 바라보는 남자의 기준이 달라지면서 힘을 받았다. 얌전하고 수동적인 여자가 아니라 장마당에 터를 잡고 경제권을 획득한 능동적인 여자가 신붓감 일 순위로 총각 눈에 들었다. 성분과 평판이 좋은 군인 총각은 대학 응시 권한을 쥐고 제대하는데 식량배급제와 마찬가지로 무상교육 제도 또한 무너졌으니, 대학을 졸업하여 간부가 되려면 교육비를 대줄 장마당 여성이 필요한 것이었다.

당시 군에서 입당하고 제대한 총각이 인물 잘나고 대학 졸업했으면 최고의 신랑감으로 쳤다. 여기에 나는 신분을 더했다. 남자의 핏줄로 가족의 신분이 정해지는 제도를 활용해야 할 것이었다. 신분 좋은 총각을 신랑으로 맞는다면 신분이 세탁된다. 그렇다고 대단한 야심을 부린 것은 아니다. 나는 여전히 수령과 남편을 섬기도록 세뇌된 여자 중 하나였고 내가 남자를 고를 수 있다는 데 족했다.

내가 고른 총각은 일하다 알게 된 평범한 30대 여인의 남동생이었다. 내가 평양 통일거리 살림집 건설이

완공된 이후 기업소로 내려와 회계 보조와 식당 책임자로 일할 때 만난 그 여성은 늘 혼자였다. 그는 남편 사망 후 여기서 일하게 되었다 했다. 직장에는 기혼 여성이 전혀 없었다. 혼자인 그를 보면 공장에 다니며 자식들을 키우던 어머니가 연상되었다. 추운 겨울에 도시락을 싸 온 노동자들에게 따뜻한 국과 반찬을 제공하는 일을 겸하던 나는 그에게 식용유와 부식물을 몇 번 꿍쳐다 주었다. 그와 이야기를 나누던 중, 대학을 졸업하고 평양 군악대에서 근무하는 남동생이 있다는 말을 들었다. 삼대 외독자이고 양친이 모두 오랜 당원이었다. 그 남동생도 그의 아버지도 김일성과 찍은 사진이 여러 장 있다고 했다. 신분이 빨간 집, 말하자면 출세가 트인 집안이었다.

"언니 남동생 소개해줘요."

내가 요청하였다. 망설이던 그가 말했다.

"연하인데 일없을까.(괜찮을까.)"

"그게 어때서요?"

그도 내심 남동생을 내게 소개하고 싶었는데, 어찌보다 남자 나이가 아래라는 이유로 주저하고 있었다고 했다. 그의 심정은 이해하고도 남는다. 북한에서 연하남과 혼인하는 여성은 드물었다. 남자가 위라는 관념이 혼인 연령에도 깊숙이 배어 있었다. 흔하게 일어나는 부부싸움이라도 연하남과 결혼한 여자의 집에서 다툼이 일면 뒷말은 약속한 듯 동일하였다.

"저 집 남편이 나이가 어리대."

"그래서 아내가 저렇게 대답질 잘하누나."

하지만 나는 밀어붙였다.

"다 사람 나름이에요."

나에 대해 어느 정도 알고 있던 그도 싫어하지 않았다. 삼대독자 남동생의 장래를 맡길 여자는 대찬 성격이라도 남편을 내세워줄 능력이 중요하다고 본 것이다. 남자가 반드시 가정의 경제를 책임져야 한다는 건 이미 옛말이었다. 아내의 능력이 남편에게 투자되어 가정의 위를 만들어야 한다는 게 나의 결혼관이었다. 여자가 아무리 경제권을 가진들 출세는 남자 몫인 세상이니, 나는 투자할 만한 남자를 고른 것이다.

맞선이 성사된 날은 모든 것이 뜻밖이었다. 평양에서 볼일 있어 내려온 남동생을 누이가 무작정 데리고 나의 집으로 왔는데, 마침 11월 김장하는 날이었다. 방 한가운데 배추와 무가 담긴 함지들이 널려 있고 주변에서 형제들이 깍두기를 썰고 배추 포기에 양념을 바르느라 앉을 자리도 없었다. 내 몰골은 또 어떠한가. 새벽부터 절인 배추 씻고 양념을 바르고 무친 것들을 나르느라 화장은 고사하고 세수도 못 한 꼴. 무릎 나온 바지에 양념이 군데군데 묻어 있는 채로 총각과 마주했다.

총각이 나를 바라보았고, 나도 총각을 정면으로 바라봤다. 허영심이 없는 진지한 눈빛이 눈 속에 가득 차 있었다. 잘생긴 남자였다. 선을 보고 나서 총각이 누이에게 물은 말은 이랬다.

"저 여자 왕두살이 아니지?"

성격이 드센 여성을 두살이라 하는데 거기에 '왕'까지 붙였으니 오죽 걱정스러웠을까 싶다. 그때 누이가 이렇게 대답했다고 훗날 남편이 말해주었다.

"고집은 있지만 두살이는 아니야. 머리에 든 것도 많고 돈도 잘 벌잖아."

고철값 처녀와 평양 총각 혼인은 이렇게 결정됐다.

결혼식 날
신부가 부른 노래

"결혼 미룰까요."

핵심계층 신분, 시아버지의 제의였다. 1994년 김일성이 사망한 후 3년간은 추모의 해로 선포되었다. 그때가 1996년, 마지막 해였다. 어버이 수령이 사망했으니 인민은 상제로서 의리를 지켜야 한다는 것이다.

"미룬다고 뭐가 달라지나요."

복잡계층 신분, 내 아버지의 의견이었다. 아사자가 늘어나도 인민의 지도자는 아무런 대책도 세우지 않고 방관하지 않는가. 백성을 버린 것이나 뭐가 다르냐. 인민도 상제의 도리를 지켜야 할 명분이 없는 것이었다.

"결혼은 인륜지대사란다."

평양과 평성에서 살고 있는 친척들에게 결혼 날짜를 전보로 알렸다. 내가 일하던 기업소와 형제들이 일하는 기업소에도 알렸다.

결혼 부조로 술이 많이 들어왔다. 손님에게 대접할 술안주는 운곡 주석목장에서 사들인 돼지 껍데기 요리였다. 돼지 껍데기를 끓는 물에 데친 후 송송 썰어서 양념에 무치면 씹는 맛과 양념 맛이 한데 어울려 일미였다. 운곡 주석목장은 3대 수령과 고위 간부 가계의 식탁에 오를 육류를 생산하는 목장이다. 그러다 보니 민가에서 기르는 돼지 껍데기보다 유연하고 맛있었다.

결혼식 하던 날, 내가 사는 동네에 전기가 들어왔다. 배전소에 돈을 주면 하룻밤 전기를 받을 수 있었다. 동네 사람들이 무척 좋아했던 기억이 있다. 잔칫집 덕분에 전기가 온다고 설날처럼 기뻐했다.

"오늘 무슨 날이기에 불이 와요?"

골목 장에 채소를 사려고 나왔던 사람들이 물었다.

"중국집 딸 결혼한다지 않아요."

우리 집은 동네에서 '중국집'으로 불렸다. 잘사는 집에서 결혼이나 돌잔치를 하면 전기를 매일 볼 수 있겠다며 농담 절반 진담 절반 쏟아졌다. 전기를 팔고 사는 암시장 덕분에 결혼식 날에는 밤이 깊도록 춤추고 놀았다.

> 잘생겼다 일 잘한다 소문 난 총각, 색싯감을 고른 솜씨 멋이로구나
> 우리 세월 좋아 로동당이 좋아, 축배 축배 축배를 들자

젓가락으로 상을 두드리며 장단을 치는 사람과 술병에 수저 넣고 왈랑절렁 다리를 흔들어 소리 내는 사람들 모두 보기 좋았다.

"자, 신부의 노래도 들어봐야지요."

오락회 책임자가 소리쳤다. 집체로 모여 즐기는 자리에는 유머 감각과 순발력으로 분위기를 주도하는 사람을 오락회 책임자로 임명한다. 솔직히 나는 지독하게 노래를 못하는 편이다. 내가 노래하면 목구멍 트지 않은 새벽 수탉이 겨우 내는 소리 같다는 사람도 있었다. 신부는 노래고 뭐고 얌전하게 앉아 있는 것이 보통이지만 나는 모두의 박수 속에 일어났다.

나는 가장 좋아하던 「아침이슬」을 불렀다. 태양은

묘지 위에 붉게 타오르고, 한낮에 찌는 더위는 나의 시련일지라…… 후반부에 들어서며 목소리가 짙게 떨렸다. 억척스레 살아온 나의 삶이 그대로 가사에 담겨 있었다. 서러움 모두 버리고 새로운 광야로 나간다는 노랫말의 의지가 결혼식이라는 자리에서 발산되자 색다른 울림이었다. 분위기가 조용했다. 잔잔한 수면 위에 작은 돌을 던진 것처럼 번져나간 고요에 술잔을 기울이던 사람들, 엉덩이를 흔들며 춤을 추던 사람들, 부엌일을 도와주며 국수사리 말던 옆집 아줌마도 고개를 돌리고 신부를 보았다. 당시 내 고향 사람들에게는 생소했을 한국 노래의 가사가 사람들의 감정을 하나로 관통한 듯.

    이 노래를 처음 배운 곳은 평양이었다. 평양에서 한창 장사를 배우던 1993년, 이모의 집에서 하룻밤 잔 적 있다. 고층 아파트 창가에 비친 수도의 야경은 아름다웠다. 야경을 한참 바라보고 있는데 옆방에서 애절한 노래가 들렸다. 사촌 동생이 부르고 있었다.「아침 이슬」이었다. 열린 문가로 다가서 바라보니 감정을 실어 노래하는 그의 온몸이 흔들리고 있었다. 20대 초반 미모의 아가씨로 평양음악무용종합대학을 졸업하고 국립교향악단에 다니는 동생이었다. 이어 부르는 노래도 한 번도 못 들어본 가요들이었다. 나는 노래에 매혹되어 수첩을 손에 들고 문 앞에 엎드려 그가 부르는 가사 내용을 급히 적었다. 그날 밤 들었던 노래 음률은 뇌에 각인되어서 통기타 악보를 찾기도 그리 어렵지 않았다. 이후 매일 밤, 평양 통일거리 청년돌격대원들과 집단 숙식하는 호실에 앉아 통기타를 치며 노래를 부르면, 감수성 예민한 20대의 청년들은 금방 배우고 다 같이 불렀다.

　2000년 6월, 남북정상회담이 진행되고 한국 예술단이 평양에서 공연하는 역사가 부각되자 김정일은 한민족이 불렀던 계몽 가요를 부르도록 하였다. 그리하여 조선중앙TV에서「아침이슬」과 같은 가요들이 화면 반주 음악으로 방영되기에 이른다. 혁명가요만 차고 넘치던 북한 사회에서 사랑과 이별을 담아낸 가요가 공식 송출되자 대중의 반응은 폭발적이었다. 특히「아침이슬」은 1987년 5부작 영화로 나왔던「림꺽정」주제가「나서라 의형제여」와 함께 국민가요로 애창되었다.「아침이슬」가사에 고뇌에서 벗어나 사회 부조리에 도전하고 싶은 개인의 의지가 드러나 있다면「나서라 의형제여」가사는 불합리한 세상을 뒤집어엎자는 반정부

메시지를 호소한다.

2005년 북한 당국은 이 두 곡을 모두 금지곡으로 선포하였다.

노예의 사슬을 끊고

"여자는 출가외인이다."

느닷없이 아버지가 말했다. 결혼했으니 본가에서 나가라는 말이었다. 기업소도 퇴직하고 형제들과 한창 약장사 판도를 키우던 참이어서 본가에서 나가면 손해라고 생각했다. 몇 년 본가에 더 얹혀 지내며 돈을 벌 생각이었다. 독립할 생각이 전혀 없는 딸에게 아버지는 냉정하게 말했다.

"매달려 사는 사람 구실하는 거 못 봤다."

어쩌면 친딸에게 이렇게 야박하단 말인가.

"당장 나가면 어디서 살라는 거예요."

투정하는 목소리는 내 편에서 높았다. 나쁜 감정만

이 굴뚝 연기처럼 아버지를 향해 스멀스멀 피었다.

"죽으라는 말보다 나가라는 말이 더 서럽다는데……"

자기 합리화로 뻗대보아도 아버지는 단호했다.

"시집은 집이 아니냐."

"시집이요?"

짜증이 묻어난 목소리가 어느새 오르고 있었다.

'남편도 없는 시가에요? 의무적으로 시모부를 모셔야 하는 며느리로요?'

입에서 이 말이 감돌았지만, 차마 내뱉지 못했다. 평양에서 근무하는 남편은 한 달에 한 번 처가에 왔다가 하룻밤 자고 갔다. 그런데 내가 남편의 본가로 들어간다면 시가 어른을 부양하는 전통적인 며느리 외 아무도 아니었다. 물론 결혼한 여자라면 3대 외독자 남편의 양친을 모시고 효도하는 것이 윤리이고 도덕이다. 그러나 장마당 시대가 도래한 지금 결혼을 했다고 경제활동을 멈추고 가부장제 질서에 충성한다면 수족을 스스로 얽어매는 일이라고 생각하였다.

부도덕한 여성으로 찍혀 사회의 지탄을 받을지라도, 결혼을 이유로 가정에 갇히는 여자의 삶은 내 것이 아니라고 생각했다. 내가 삶의 주체가 될 수 없다면 유교 사상에든 사회주의 도덕에든 반기를 들겠다는 마음이었다. 시가 어른들이 살아갈 장사 밑천을 도와드리더라도 나는 내 발로 장마당 전야를 누빌 것이다.

나를 밀어내는 아버지와 가부장제 질서에 도전하려는 나의 의지는 독립을 결심하게 했다. 먼저 살림집을 해결해야 했다. 결혼한 가정에는 국가에서 살림집을 공급해야 했으나 주택 배정은 옛말이 된 시기였다. 식량 배급과 마찬가지로 주택 공급 역시 멈췄다. 누구나 살림집은 자체로 사야 했다. 자전거를 타고 여기저기 돌아보며 살림집 시세를 알아보던 나는 뜻밖의 현실을 발견하였다. 25킬로 밀가루 한 지대와 국가주택이 교환되고 있었다. 수령이 하사하던 국가 소유 살림집이 한 손 분량 먹거리와 교환되다니. 딸을 쫓아낸다고 아버지를 미워했던 어리석음이 부끄러웠다.

돌아보니 자식을 강하게 키우던 아버지의 수업은 어릴 적부터 시작되었다. 당시 아버지는 자식들을 TV가 있는 공장 사무실까지 데리고 가 영화 「로빈슨 크루소」를 보여줬다. 영국 작가 대니얼 디포의 장편소설을 각색한 것인데, 바다에서 난파되어 무인도에 착륙한 로

빈슨 크루소가 오두막을 짓고 불을 일구어 밀보리를 재배하며 살아남아 28년 만에 마침내 고국으로 돌아가는 이야기이다. 아버지가 자식들에게 이 영화를 보여준 의도는 독립 정신을 키우라는 것이었다. 불안한 미래를 예견했던 것일까? 의지할 사회가 사라진 순간에 스스로의 힘으로 살아남는 로빈슨 크루소의 모습은 어릴 적 나에게 강하게 주입되었다. 자기 운명의 주인은 자신이라고. 그 이야기가 지금 장마당에 선 내 눈앞에 재현되는 듯했다.

매물로 나온 중에 길옆 단층집을 사러 갔다가 다시 놀라고 말았다. 결혼 전 나의 상관이었던 기업소 사로청 부위원장이 살고 있는 집이었다. 그의 아내는 달리기장사(유통업)를 했다. 나에게 페니실린을 넘겨받아 평북 정주 병원이나 군부대 목장에 넘기고, 받은 현금으로 현지 농장에서 사들인 식량을 차로 운송하여 순천시장에 넘기는 장사였다. 먹고사는 것은 문제가 없었다. 장사 판도를 확장해야 한다고 여겼고 그러자면 밑천이 더 필요했기에 살던 집을 급매로 내놓은 것이었다. 그리고 친정어머니와 남동생이 지내는 본가에 돌아가 장사를 하려 한다고 했다. 시집갔던 딸, 장사하는 누이가 본가로 들어와 식구를 먹여 살린다니 그의 집에서는 어서 들어오라고 환영하고 있었다.

'본가로 들어가 장사를 넓히기 위해 집을 판다고? 나는 본가에서 독립하려고 집을 사는데……'

살림집 대금은 내가 만든 페니실린 주사약으로 주었다. 국가 살림집이 장마당 상품과 맞교환된 순간이다. 러시아에서 귀국한 벌목노동자가 흑색TV를 팔겠다고 내놓아 그것까지 사들였다. 그때까지도 TV나 녹음기 등 전자제품은 일반 가정에는 거의 없었다. 리비아와 러시아에 갔다 온 노동자의 가정에 한 대가 있었는데 큰 재산이었다. 흑색TV는 현금으로 사들였는데, 살림집 가격보다 두 배 비쌌다. 그러나 비싼 게 아니었다. 살림집 매물은 많았지만 구매자가 적었고, TV는 현물 자체가 희소하였다.

텅 비어 있는 방 한쪽 구석에 쪽상을 펴고 그 위에 흑색TV를 올려놓았다. 묘한 감정이 서서히 올라왔다. 내 손으로 장만한 살림집과 흑색TV, 이는 원래라면 위대한 수령만이 하사하던 선물이었다. 태양으로 모시던 수령의 소유물을 내 힘으로 내 집에 전유하다니. 노예가 스스로 사슬을 끊고 세상 밖에 걸어 나온 성취감이 일었다. 전장에서 돌아오는 개선장군 기분이 이런 것이겠구나. 시대의 전리품을 바라보는 희열이 풍선처럼 부풀었다.

    내 꿈은 실현된 것일까? 어릴 적 이모의 궁궐 같은 집에서 초라하게 서 있던 소녀. 무시 속에 단단해진 마음을 붓으로 부자가 되겠다고 주문을 걸지 않았던가. 그 꿈이 서서히 장막을 찢고 있었다. 하지만 이제 시작일 뿐이다. 깊은 바다가 출렁이지 않듯이, 더 높은 곳을 향해 꿈틀대는 야망이 고요한 정적으로 스며들었다.

부동산 시장이
열리다

그다음 해, 살림집 가격이 수배 상승했다. 밀가루 한 지대와 맞교환되던 단층집 가격도 급등했는데, 거래는 전부 현금이었다. 살림집 수요가 급증하다 보니 가격이 널뛰듯 오르는 것이었다. 헐값으로 집을 팔고 살길 찾아 떠났던 사람들이 하나둘 돌아왔다. 외지에서 장사하며 돈을 모았으니 고향에서 장사 터를 다시 잡으려면 살림집 장만이 우선이었다. 앉은장사(소매)나 달리기장사(유통)로 현금을 저축한 사람들의 경우 작은 집을 팔고 큰 집을 사거나 땅 집에서 아파트로 이사 가려 했다. 누군가 이사 가면 동네 사람들은 말했다.

"데(저) 에미네 집 혁명했네."

시집에서 살던 젊은 여성들도 장사로 수익이 안정되자마자 분가할 집부터 찾아다니며 '집 혁명'에 나섰다. 역세권에 자리한 살림집이라면 부르는 게 값이었다. 살림집은 더 이상 거주 용도가 아니었다. 장사 공간이자 물류 창고였다.

신축 아파트 살림집 주인이 낡은 단층집 주인에게 웃돈을 얹어주며 교환하는 거래도 있었다. 이 거래를 처음에는 이해하지 못했다. 지대의 개념을 몰랐던 것이다. 내가 살던 동네에 기계화 사업소 지배인이 있었다. 그의 아내는 직매점[*] 책임자였다. 이들 부부는 신축 아파트 1종 살림집[**]에서 살고 있었는데, 이를 5종 단층집

---

[*] 직매점이란 8·3제품을 판매하는 곳이다. 8·3제품이란 1984년 8월 3일 폐자재로 만든 인민소비품 전시장을 돌아보며 김정일이 이러한 소비품 생산을 늘리도록 지시한 날을 기념한 제품명이다. 국가 계획 외로 생산되는 짝퉁이라는 의미다. 비생산 노동력인 가정주부들이 주체가 되어 자투리 자재로 8·3제품을 만들면 지역 단위로 설치된 직매점에서 판매하는데, 생산자와 소비자 간 직거래 형태가 계획경제 밖에서 적용된 사례다. 사적 생산 단위에서 생산한 제품을 국영 지매점에서 판매하는 것은 시장경제가 처음 도입되었다는 의미를 가진다.

[**] 국가주택을 급에 따라 1종부터 6종까지로 분류했다. 1종이 100평대 아파트라면 6종이 한국의 고시원 정도다.

과 교환하자고 제의한 것은 지배인의 아내였다. 100만 원 현금까지 얹어주면서. 당시 100만 원이면 버스 한 대 값으로, 웬만한 사람은 만질 수도 없는 큰돈이었다. 낡은 집에서 떡 장사로 살아가던 주민은 이 제의를 횡재로 여겼다. 비가 오면 집 안에 그릇이란 그릇은 다 꺼내놓고 천장에서 떨어지는 비를 받던 집 대신 신축 아파트를 받는 것도 횡재인데, 100만 원을 얹어준다고? 반면 지배인의 아내가 생각한 횡재는 단층집의 위치 즉 길목에 위치한 노른자위 부지였다.

거래를 마친 후 이들 부부는 낡은 단층집을 허물었다. 그 부지에 살림집을 건설하고, 텃밭에 연료 창고와 물류 창고를 건설했다. 연료창은 남편이 물류창은 아내가 활용하였다. 부부가 한집에서 사업체를 따로 두고 장사하는 것도 그때 처음 보았다. 부부는 당연히 일심동체로 살아야 한다는 게 내가 받은 교육이었는데 말이다.

공군부대에서의 부동산 거래는 특이했다. 순천에는 평양을 보위하는 최정예 공군부대가 있다. 비행사와 가족, 장교와 가족, 비행기를 정비하고 수리하는 노무자와 가족들이 비행장 일대에서 산다. 산으로 둘러싸인 비행장 일대로 들어가려면 세 개의 초소를 통과해야 한다. 이처럼 엄격한 공군부대 부락에 드나들 수 있었던 건, 처녀 시절 함께 일한 동료 언니가 공군부대 노무자와 결혼했기 때문이다.

비행장에 들어서면 공군부대 참모부가 있고 조금 더 가면 군인 상점이 있다. 말이 군인 상점이지 장마당이었다. 군복 상의가 불룩한 군인들이 상점으로 들어와 옷 속에서 석유가 들어 있는 비닐 주머니를 꺼내어 주고는 군인 상점 매대에서 술과 담배, 빵 등을 가져가는 모습을 옆에서 지켜봤다. 비행장 석유는 시중에 유통되는 석유 옥탄가보다 높아 가격이 비싸다.

군인 상점 풍경이 하도 신기하여 그곳에서 근무하는 언니에게 물었다.

"석유는 어디서 나요?"

"훔치지. 군관(장교)들도 같아."

온 계급의 군인들이 석유를 빼돌리고 있다는 거였다. 전쟁 나면 비행기에 넣을 석유는 남아날까? 그렇게 묻자 언니는 웃었다. 그날부터 다음날까지 언니가 살고 있는 공군부대 집에서 묵었는데, 삶은 감자를 질구에 쳐서 팥고물을 묻혀 맛있게 먹을 때 옆집에서 뚝딱 와지끈 소리가 났다.

"왜 저래요?"

"제대되는 건데 자기 거 떼 가느라 그래."

제대를 앞둔 공군부대 노무자가 사는 집인데, 살던 집이 부대로 이관되게 되어 그동안 살면서 자기가 교체한 출입문과 창문을 가져가려고 뜯어낸다는 말이었다.

"세상에, 야박한 거 아니에요?"

"아니야. 여기선 다 그래."

공군부대에서 제대 장교나 노무자가 사회로 배치되면 시·군 당위원회가 우선적으로 살림집을 배정해야 하나 현실은 쉽지 않다. 살림집이 없어 친척집 윗방에서 동거하거나 창고를 개조한 월세방에서 살고 있는 제대 장교도 한둘 아니다. 그러므로 제대를 앞둔 이들에게는 살림집을 지을 각목 하나, 기와 한 장도 귀하다. 한편 새로 배치된 장교나 노무자에게는 제대된 장교나 노무자가 살던 살림집이 배정된다. 그리하여 이들은 출입문과 창문 등을 뜯어 가지 말라고 제대 장교나 노무자에게 비용을 준다고 한다. 그러지 않으면 지붕 서까래까지 뜯어 간다고 했다.

땅 거래도 있다. 공군부대 살림집은 부대 재산으로 등록되어 있지만, 공군부대 가족이 산비탈을 일구어 낸

밭은 부대 재산으로 등록되지 않는다. '열심히 일구면 그곳에서 사는 한 자기 땅'이다. 부지런한 가족이 10년 나마 열심히 산비탈을 일구면 기름진 밭으로 변모한다. 그러니 욕심내는 사람이 많다. 그 밭의 임자가 제대된다면, 한 평당 공장 노동자 수개월 월급의 가격을 불러도 구매자가 줄 선다. 구매자는 전부 부대 장교와 노무자의 가족들이다.

최정예 공군부대 제대 장교와 현역 장교 간, 제대되는 노무자와 새로 배치된 노무자 간 땅 거래 현실을 목격하고 나니 나침반이 없어도 사회가 흐르는 방향이 훤히 보였다. 최전선은 바로 부동산 시장이었다.

돈으로 사들인
사회주의 권력

이리하여 나는 부동산관리직에 눈길을 돌렸다. 토지와 건물이 국가 소유인 북한에서 개인과 개인 간 부동산 거래를 하자면 합법과 불법을 줄다리로 이어줄 중개인이 필요하다. 그 중개인은 초기 시장을 선점하게 되는데, 부동산 시장을 초기 선점한다면 가격 매기기라는 보이지 않는 힘을 발휘하는 셈이다. 이러한 식견은 초기 약장사로 체험한 것이었다.

북한에는 각 시·군마다 도시 경영 사업소가 자리하고 있다. 지역 주민들의 살림집을 관리 보수하며 주택 사용 요금과 전기, 수도 사용 요금 등 세금을 징수하는 정부 기관이 도시 경영 사업소다. 세금 징수는 도시 경영 사업소 주택부서 하부 말단 주택 관리원의 역할이다. 부동산 시장이 등장하기 전 주택 관리 업무는 세금 징수에 그쳤다.

하지만 이제 달라졌다. 수백 세대 명단이 기록된 장부를 손에 들고 주택 단지를 임의로 순회하며 세금을 징수하는 과정에서 어느 세대가 집을 팔았는지, 집을 사고 새로 입사한 세대주가 누구인지를 일선에서 파악하는 단속원이 되었다. 고급 주택이든 가설 주택이든 개인과 개인 간 거래가 포착되면 국가 살림집을 매매한 불법자로 서류에 기록하여 사법기관에 넘기거나 혹은 눈감아줄 수 있는 직업이 된 것이다.

평남 순천에는 내각 건설성 산하 화학공장건설연합 기업소가 있다. 한국으로 치면 손에 꼽히는 대기업이다. 기업소 근로자의 주택 단지는 보통 기업소 주변에 밀집되어 있다. 대중교통 인프라가 구축되지 않은지라 도보로 출퇴근이 용이하도록 설계한 것이었다. 대기업의 주택 단지는 시·군 인민위원회 산하 도시 경영 사업에 소속되지 않고 기업 자체로 부동산을 관리한다. 도시 경영 사업소 규모와 맞먹는 주택부서가 기업 행정 부서로 운영되는 것이다.

'여기에 취직하자. 연합기업소 부동산관리직에.'

결정한 뒤 화학공장건설연합 기업소 후방부 주택 부서에 누가 일하는지 알아봤더니 역시였다. 연합당 책임비서의 아내, 연합당 종합지도원 아내가 주택 관리원으로 일하고 있었다. 먹을 알이 있으니 권력층 안방 사람들이 꿰차고 있는 모양새였다. 남편의 세도로 들어온 여인들과 비교하면 나는 황소 앞에 강아지였다. 나의 남편은 고등학교 음악 교사로 있었으니 연합당 간부들에 비하면 지식인 나부랭이에 불과했다.

그러던 어느 날, 연합기업소 후방부 초급당비서*의 아내가 찾아왔다. 장사해야겠는데 돈을 빌려달라는 것이었다. 당 간부의 아내가 돈을 꾸러 오기까지 많은 고민을 했을 것이다. 내가 어디 말을 전할 사람이 아니라 믿고 나를 찾은 듯하였다.

주저 없이 무이자로 돈을 빌려주었다. 전국적으로 고리대업자가 생겨나고 있었는데, 월 이자 30퍼센트가 정석이었다. 100만 원이면 매달 이자만 30만 원인데 무이자로 주다니. 당 간부의 아내는 진심으로 고마워하였

---

* 연합기업소 계열사 사장 정도 지위에 해당하는 당 간부

다. 그런데 아쉽게도 그는 장사할 줄을 몰랐다. 격동하는 시장화의 물결 속으로 뛰어들었지만 장사 기술은 신분이나 학력과 별개인 것 같았다. 김일성종합대학이나 인민경제대학 강좌에서도 장사 기술은 가르쳐주지 않으니까 말이다.

실패에 실패를 거듭하며 체득한 경험만이 유일한 시장 수업이었다. 시장 수업료는 만만치 않다. 수개월, 수년을 수업료를 바쳐 장사를 하다가 실패하게 되더라도 장사의 맛을 보았으므로 또다시 도전하려는 동기가 부여된다. 그러면 수업료는 더 비싸진다. 국가 공급 시대에 특혜를 받으며 고생을 못 해본 사람들이 특히 시장 수업료를 비싸게 지불했는데, 결국 빚더미에 앉는 사례가 많았다.

나에게 돈을 빌린 당 간부의 아내가 그 부류였다. 장사 밑천을 3개월 만에 날려버리고 빈손에 앉았으니. 당 간부 남편의 권력을 신용으로 돈을 빌려줬는데 수익은 고사하고 본전마저 잃었던 것이다. 하지만 내겐 어쩌면 기회였다. 당 간부의 아내가 채무자로 된 것이. 미안한 마음을 전하고 싶었는지 그가 남편이 입던 양복을 가져왔다. 고급 모직 양복이었다.

"이거라도 받아."

"일없어요."

나는 사양했다. 빚 독촉도 하지 않았다. 단 한 번도. 일주일 후 연합기업소 후방부 초급당비서 사무실을 찾아가 부동산관리직에 등용해달라고 말했을 뿐이다. 당 간부의 한마디면 인사관리 담당은 수락하게 되어 있다.

이리하여 나는 연합기업소 부동산 중 500세대 살림집과 부지를 관리하는 공직에 취직하였다. 출근 첫날, 아침 조회를 마치고 사무실을 나가는데 회계 일하는 여성이 한마디 던졌다.

"누구 연줄로 들어왔어요?"

당 간부의 채무를 면제해준 대가로 취직한 사실을 누군들 상상이나 할까. 마침내 돈으로 사회주의 권력을 사들이는 데까지 온 것이다. 쌀 천 석 갚지 못해 평민에게 신분을 팔았던 조선시대『양반전』이 내 현실이 되는 순간이었다.

4부

암시장에 내민 도전

아버지의
설계도면

1990년대 중반 이후 북한은 국가가 독점했던 무역 권한을 분산했다. 중앙정부에서 지방정부로, 지방정부에서 기업으로 무역권이 확장된 것이다. 수출입 권한은 얻었으나 자금이 없는 기업들은 개인에게 그 권한을 이양하였다.

이러한 흐름은 무연탄 매장량이 전국적으로 손꼽히는 순천에 절호의 기회였다. 중국 경제가 발전하면서 에너지 수요가 높아지다 보니 무연탄 수요가 급증한 것이다. 중국 업주들은 무연탄 물량을 선점하기 위해 순천 지역에 투자했고 순천에는 개인 소유 탄광이 급증하였다. 국가 계획 외로 개발하는 개인 탄광은 국영 탄광에서 폐기한 탄갱만을 대상으로 제한되어 있다. 국영 탄광이 폐기한 수많은 탄갱을 한눈에 파악할 도면이 금값으로 떠올랐다. 그 탄갱 도면이 내 아버지에게 있었다.

아버지는 탄갱 굴진 설계 인력으로 30년 근무하고 1998년 정년을 맞았다. 퇴직할 때 아버지는 수십 년간 설계한 탄갱 도면을 갖고 나왔는데, 둘둘 말린 퉁구리로 윗방에 쌓아 두었다. 쓸데없는 물건을 왜 보관하는지 나로서는 의아했던 그 도면이 갑자기 시장 상품으로 떠올랐다. 탄갱 도면은 부르는 게 값이었다. 김정일 시대는 선군정치였으므로 군부에 우선 수출입 권한이 부여되었다. 인민군 총정치국이며 작전지도국, 군부 산하 무역회사 사장들까지 어디서 어떻게 알았는지 아버지를 찾아왔다. 아버지가 갖고 있는 탄갱 도면을 달라는 것이다. 기다렸다는 듯 아버지는 도면 퉁구리를 하나씩 하나씩 건네주었다. 태양을 중심으로 지구가 도는 것이 천체의 원리라면 시장을 중심으로 북한 사회주의가 돌고 있는 것이 뻔한 사실인데, 수요가 폭발해 부르는 게 가격인 탄갱 도면을 공짜루 내주다니.

나의 입에서 불만이 쏟아졌다.

"아버지, 지금 세상이 바뀐 게 안 보여요? 공산주

의 사회가 아니란 말이에요. 그걸 왜 공짜 줘요? 그렇게 살면 굶어 죽는 세상이에요."

참으로 무서웠던 아버지에게 처음 대들었다. 그런 배짱이 어디서 나왔는지 모르겠지만, 빠르게 변화하는 세상에 대응해야 한다는 본능일 것이었다. 아버지도 사회 변화를 모르지 않았을 것이다. 다만 평생 신분제로 눌려 살다 보니 권력을 쥐고 있는 간부들이 찾아와 아버지가 설계한 탄갱 도면이 필요하다고 친절하게 말하니 착각한 것이다. 로동당이 이제야 자신의 가치를 인정하는 것이라고. 그렇지 않다면 저리도 상냥하게 탄갱 도면을 요구할 수 없는 것이라고.

훗날 그 도면이 중국으로 수출하는 석탄 생산에 이용된 사실을 아신 후에도 아버지의 표정은 덤덤하였다. 상처받은 자존심을 술로 달랬을 뿐이다. 둘째 딸만이 유난히 그런 아버지의 자존심을 쑤셔댔다.

"양심 쩨보들은 그 도면을 가져다 탄광을 개발하고 거기서 나오는 석탄을 수출해 떼돈 벌고 있는데 아버지는 왜 눈 뜨고 보고만 있어요? 사람을 완전 우습게 알아도 분수지. 내가 가서 받아낼 거예요."

"나서지 말아."

아버지의 한마디, 깊은 곳을 응시하는 눈빛에서는 허함과 분노가 교차하고 있었다. 아버지의 반항은 거기까지였다. 국가를 빙자하는 힘을 가진 권력층을 거부할 수 없도록 훈련된 사람의 모습이었다. 권력에 복종해야만 운명의 파도에 휩쓸리지 않는다고 학습한 효과는 그토록 굳었다. 돌이켜보면 젊은 세대였던 나 역시 독재 정치 세뇌에서 자유롭지 못했다. 아버지가 말렸어도 아버지를 모시고 그들을 찾아가 대가를 정당하게 받았어야 했다. 사회주의 권력은 인민을 위해 존재하는 것이라는 학습된 믿음. 구질서가 해체되고 새로운 질서가 들어서는 혼란기에 사회주의 권력 또한 이미 변이되고 있음을 정말 몰랐단 말인가. 권력으로 시장을 선점한 계층이 공돈을 챙기는 기술부터 쓸어 담는데, 눈을 뜨고도 세상을 볼 수 없게끔 자라난 우리가 깨어나기까지는 여전히 시간이 필요했다.

사교육 바람

하지만 새옹지마라고 했던가, 드디어 아버지에게도 기회가 왔다. 2000년대 들어서며 자식에게 투자하는 '엄마부대'가 등장하였다. 장사로 현금을 저축한 여성들이 사교육에 시선을 돌렸는데, 신분으로 특화된 엘리트 공교육에 도전하는 행위였다. 이때 아버지의 지식이 사교육 시장에서 상품이 되었다.

북한은 평등한 무상교육을 내세우지만, 일류급 대학에 입학하려면 신분이 중시되었다. 시·군 지역마다 영재를 양성하는 1중학교가 운영되는데 여기에는 신분에 크게 좌우되지 않고 공부를 잘하면 진학할 수 있다. 그리고 1중학교를 졸업하면 김책공업대학과 이과대학

등에 갈 수 있지만, 집안의 경제력이 뒷받침되어야 졸업이 가능하다. 일류급 대학인 김일성종합대학 진학과 졸업은 더 어렵다. 폐쇄된 사회에서 해외에 진출하려면 외국어 교육이 필수여서 외국어대학이 인기 있었으나 일반 주민들은 꿈도 꾸지 못했다. 고위 간부 자식들이 외국어대학을 꿰차고 있었다. 공교육의 서열화로 결국 노동자의 자식은 노동자가 되는 신분의 대물림이 대학 진학에서부터 강하게 작용했던 것이다.

이것이 조금씩 달라졌다. 노동자의 자식도, 신분이 좋지 않아 출세가 막혔던 복잡계층 자식도 돈만 있으면 외국어를 사교육으로 배울 수 있었다. 대학교수와 명문대 학생들이 사교육 시장에 참여했다. 대학교수 월급이 쌀 1킬로 가격도 안 되니 이들은 짬짬이 사교육 부업을 해 돈을 벌었다. 사교육 수요가 가장 높았던 것이 영어와 중국어 교사였다. 특히 영어 교사는 지역에 자리한 대학과 중학교마다 배치되어 있지만 중국어 교사는 많지 않았다.* 아버지에게 기회가 온 것이다.

---

* 2010년대 들어 북한 대학과 고등중학교에 중국어 쓰기와 회화 교육 과목이 설치됐다.

중국에서 이주한 아버지는 중국어 필기와 회화 실력은 물론 수학과 물리 등을 교육하는 수준도 대학교수급이었다. 우리 4형제가 고등중학교를 다닐 때 수학 숙제나 화학 숙제가 어려우면 어머니와 아버지가 지도해주었는데, 대학생 대상으로 수업을 해왔던 어머니에 비해 아버지의 지도는 눈높이 교육으로 이해가 빨랐다. 사교육 바람 속에 나의 아버지는 학원을 열었다. 북한에서 사교육은 불법이다. 그러므로 공식 간판을 내걸지 못한다. 아버지의 집 공간이 교실로 이용되었다. 간판은 없었으나 입소문이 빠르게 퍼졌다. 이를테면 저 집은 '영어 소조'요 저 집은 '손풍금 소조'라고 말하면 사람들은 '아, 개인 학교구나' 알아들었다.

아버지는 중국어와 수학을 주로 가르쳤다. 중국어 교재는 아버지가 직접 만들었고 수학 교재는 공교육 교과서에 기초했지만 문제 풀이는 아버지의 방식으로 수업하였다. 칠판을 걸어놓고 방정식을 푸는데, 설명이 쉽다고 아이들이 전하여 어머니들의 만족이 높았다. 사교육 비용은 과목마다 매달 쌀 10킬로 가격으로 계산해 현물 또는 현금으로 받았다. 아버지에게 교육받은 초등학생 한 명이 영재를 양성하는 1중학교에 가게 되었다.

그것이 소문나 고등학교 교사가 열 살짜리 아들을 아버지의 학원에 보냈다. 세 명으로 시작된 학원은 한 해만에 열 명으로 늘어났다.

6개월 배우면 중국어 기초 쓰기와 회화가 가능했다. 막내 남동생이 녹화기와 컬러TV를 시각 교육 기재로 장만해드렸고, 나는 교재로 사용할 중국어 기초와 노래가 담긴 VCD를 평성시장에서 구입해드렸다. 디지털 기기를 갖추게 되면서 교육의 질도 높아졌다.

"사는 맛이 좋구나."

아버지의 말이었다. 아버지의 생신에 학모부들이 음식과 기념품을 성의껏 준비해 스승인 아버지의 생신을 축하해드릴 때 자식으로서 가장 뿌듯했다. 사회와 신분에 억압당한 설움이 깊던 아버지가 마침내 시름을 잊고 빛을 보신 날들이었다.

금서를 읽으며

아버지의 학원도 나의 사업도 성수기였던 어느 날, 모르는 여인이 찾아왔다. 약을 팔았다고 안전부에 잡혀 죽도록 매를 맞고 남편이 손을 써 겨우 살아났다는 약장사 여자였다. 그가 시 안전부 경제감찰과에서 조사받을 때, 젊은 예심원이 이렇게 묻더란다. '연포동 □□을 모르냐, 그에게 페니실린 원료를 사지 않았냐, 다 말해라, 그래야 형량이 줄어든다.'

몇 번이고 예심원이 다그치는 이름이 내 이름이더란다. 블랙 명단 1번으로 등록되었다는 말이었다. 그 여인과 한 번도 마주 선 적 없으니 나에 대해 말할 것도 없었다. 하지만 얼마나 혼났는지 내 앞에서도 오금을 떨며 그는 말했다.

"안전부에 왕초로 등록되어 있어요. 잡으려고 벼르고 있으니 조심하라요."

나를 잡으려 한다니, 약장사를 그만둬야 하나? 원래 약장사는 암시장 성격이 강하다. 사법기관의 단속은 있었다. 그런데 슬슬 약장수가 갈고리로 돈을 쓸어 담는다는 소문에 너도나도 약장사에 손을 대려 하면서 가짜 약이 등장했다. 약장사가 일반 장사보다 밑천이 많이 드니 페니실린 원료 대신 다른 원료나 심지어는 소다 가루 넣고 시장에 넘기는 사기꾼이 나타난 것이다. 가짜 약이 판을 치자 약장사 '왕초'를 잡으려는 사법기관의 단속 강도가 높아졌다. 페니실린 원료를 제조하는 사람이 왕초였다.

사실 페니실린 원료를 집에서 만든다는 것은 상상하기 어려운 때였다. 원료를 직접 만드는 사람은 전국적으로 다섯 손가락 안팎이고 내가 그중 하나였다. 당시 제조원을 살인자 추적하듯 살벌하게 잡던 분위기는 약장사를 없애려는 의도보다는 약장사를 단속하면 따라오는 뇌물이 다른 장사보다 몇 배 큰 것도 작용하였다. 한 명만 잡으면 한몫 제대로 챙길 수 있었다.

위협이 좁혀오면서 사업을 그만둘까 했으나 이내 달리 생각하였다. 이미 출발한 열차는 관성을 갖고 있어 브레이크 작동 또한 쉽지 않았다. 국가 식량 배급이 중단된 상황에서 장사는 불법이라도 불법이 아니다. 나 같은 불법 장사꾼들 덕분에 사법기관 간부들도 먹고 살지 않는가? 다만 계속하려면 닥쳐들 위험에 대처해야 했다. 하지만 뾰족한 대처 방법도 달리 없었다.

탐정소설이나마 읽어봐야겠다고 생각한 것이 이때였다. 수사 기법이나 추적자들의 심리라도 건질 것이 있지 않을까. 그러나 북한에는 대중을 독자로 출간한 탐정소설이 거의 없었다. 작가 대상으로 해외에서 출간된 탐정소설 등을 소량 배포했으나 그것을 얻기란 쉽지 않았다. 알아보니 탐정소설을 빌려주며 돈을 버는 여자 상인이 있었다. 말하자면 금서 장사다. 위험한 사각지대에서 생존해야 하는 불안이 또 다른 불법 시장으로 발걸음을 이끌다니 아이러니한 일이다. 시간당 비용을 선불로 치러야 했는데 다른 도서를 빌려보는 비용보다 세 배 비쌌다. 나 같은 사람들의 수요가 있으니 공급자로 나섰겠으나 밀수로 반입된 금서를 제공하는 용기가 대단했다.

금서 장사의 집에서 내가 빌린 소설은 일본에서 출간된 것이었다. 제목은 기억나지 않지만 살인 사건 수사를 야한 소설로 풀어낸 내용이었다. 조여드는 압박과 공포에 순간순간 대처하는 인물들의 기발함과 임기응변, 긴장을 놓지 못하는 처지에서도 자신의 목표를 밀고 나가는 대담한 여자들의 모습들이 이야기 속에 있었다. 금서가 된 탐정소설을 통하여 배운 것이 있다면 어쩌다 장마당 '왕초'가 된 처지에서 갖춰야 할 마음가짐이었다. 장마당 혁명가들의 불안한 시간이 천천히 흘렀다.

함정수사

"페니 가루 사러 왔습니다."

9월 초 어느 날, 군복 차림의 장교가 찾아왔다. 밀가루 주문하듯 말하는 어투가 거슬려 대답 없이 문을 닫으려는데 그가 또 말했다.

"출장 왔다가 □□ 소개로 들렀습니다."

그가 댄 이름은 학모부의 이름이었다. 음악 교사인 남편에게는 졸업한 제자도 많았는데 학모부들은 대부분 음악 교사 아내가 약장사하는 것을 알고 있었다. 가끔 그들의 도움으로 병원과 연결되어 페니실린 수천 대를 판매하기도 했다. 장교는 이어 군복 윗주머니에서 여행증명서를 꺼내 보여주었다. 가을이 되면서 감기 환자가 많아지고 페니실린 수요가 늘어나는 때였다. 타 지역에서도 페니실린 주사약을 사려고 순천으로 오는데, 페니실린 주사약은 장마당에서도 살 수 있지만 타 지역 장사꾼은 페니실린을 직접 만드는 개인 집을 찾아 도매가로 사 갔다. 천 대 이상 사서 타 지역으로 유통하려는 장사꾼은 유통 과정에서 단속 위험에 노출되므로 페니실린 원료를 사려고 했다. 그런데 페니실린 원료를 킬로 단위로 갖고 있는 사람이 드물어 사기도 어려웠다.

당시 나는 평양제약총국 간부와 연계되어 수킬로의 페니실린 원료를 갖고 있었고 신분이 확인된 큰손에게만 원료를 팔았다. 장교는 원료를 2킬로나 원했다. 다짜고짜 찾아와 소개자의 이름을 댄다고 해도 위험했다.

"제 누이가 함흥에서 약장사 합니다. 누이가 부탁해서 사다 주려고……"

그가 가방 안에 있는 현금을 보여주며 말했다. 함흥에서 왔다는 말에 주춤하였다. 당시 위험한 장사에는 군인들을 동원하는 사례가 흔했고 마침 내가 거래하던 단골손님 중 함흥약학대학 교수가 있었다. 그 교수는 정기적으로 페니실린 원료와 상표, 마개를 순천에서 사서 함흥으로 이동하고 자택에서 직접 페니실린 수천 대를 만들어 구역 병원마다 넘겨주었다. 함흥은 대도시여서 약 시장 규모도 컸는데 가끔 그 교수가 장교를 동원해 페니실린 원료와 자재를 나를 때가 있었다. 이쯤에서 나는 그를 믿기로 하였다.

다음 날 오전 9시, 200그램 단위로 포장된 페니실린 원료 열 봉지를 장교에게 주고 그 자리에서 현금을 받았다. 함흥까지 돌아가려면 정전으로 열차가 연착될지 모르니, 굶지 말라고 식초를 조금 넣고 연탄불에 지은 밥을 호박잎에 싸주었다. 식초 넣고 지은 밥을 호박잎에 싸면 삼복더위에도 변질되지 않는다. 돼지고기 반찬에 소주 한 병도 가방에 넣어주었다. 장사의 목적은 돈이라 하지만, 거래로 무엇보다 사람을 얻어야 한다는 게 나의 철칙이었다.

그러고 오후 3시 되었을까, 대문을 두드리는 소리가 났다. 아무 생각 없이 열었다. 사복 차림의 남자 두 명이 서 있었는데 그중 한 명이 아침에 내 도시락을 받아 간 장교였다. 예감이 섬뜩했다. 이미 일은 벌어졌다. 현역 장교로 알았던 그 남성은 시 안전부 경제감찰과 소위였다. 함정수사에 걸린 것이다. 금서를 읽으며 터득한 지혜가 이번에는 소용이 없었다.

순찰대가 집 안을 수색했다. 부엌 찬장이며 된장단지 뚜껑을 열어보고 쓰레기통과 아궁이 안까지 구석구석 쑤셔댔다. 경대 서랍과 차대 서랍이 층층이 뒤집어져 항생제 원료와 상표 등이 무더기로 쏟아졌다. 장교에게 받았던 돈다발도 서랍에서 그대로 회수되었다. 잠깐 사이 방 안이 벌 둥지가 되었다. 입고 있는 바지가 바람에 흔들리듯 흔들렸다. 내가 몸을 떨고 있는 것이었다.

'범에게 물려 가도 정신은 차려야 한다.'

살아날 구멍을 궁리해보아도 하얗게 얼어붙은 머리가 돌아가지 않았다. 내가 안전부로 연행되면 뒷수습을 감당할 사람이 필요한데, 몸을 뺄 시간이 없었다. 돈과 물품을 압수당한 것보다 페니실린 원료 출처 조사가 두려웠다. 순찰대가 윗방을 여기저기 뒤질 때, 감찰과 소위가 녹음기 위에 있던 수첩을 들었다. 그간 읽은 책들에 대한 소감을 써두었는데, 그 글을 읽는 것 같았다. '사람은 먹기 위해 사는가, 살기 위해 먹는가?' 그 문장을 유심히 보던 그가 한마디 했다.

"별난 여자구나."

순찰대가 가택수색을 끝내고 몰수한 물품을 마대

에 넣은 후 집 밖으로 나가자 감찰과 소위가 수첩을 내려두며 말했다.

"내일 오전 감찰과로 나와."

어째서 그가 현행범을 그 자리에서 끌고 가지 않았는지, 이에 대해서는 수수께끼로 남아 있다. 별난 여자가 수첩에 쓴 글이 어떤 심경의 변화를 주기라도 한 것일까. 당시 북한 체제를 향한 비판 의식에 깨어 있는 간부는 적지 않았다.

말미를 얻은 나는 사건 수습에 나섰다. 어떻게 해서든 거래처를 지켜야 했다. 제약총국 간부가 걸려들면 또 다른 간부까지 감자 덩이줄기처럼 줄줄이 나온다. 그에게 알린 후, 있던 현금으로 막을 수 있는 선까지 막았다. 하지만 이 사건은 시 안전부 부장과 정치부장에게 이미 보고하고 시작한 함정수사였다. 한두 사람 막는다고 쉽게 덮일 사건이 아니었다. 노동단련대* 6개월 형은 받을 거라고 했다. 어쨌든 당이 결론을 정할 때까지 내가 손쓸 수 있는 일은 없었다.

3개월 후. 매주 월요일은 내가 일하는 주택과 종합

---

* 단기 수감자들의 사상 개조를 목적으로 운영되는 노역장

조회 날이다. 정문에서부터 사무실 앞까지 경사를 내려가는 자전거는 바람을 일으키며 기분 좋게 달렸다. 사무실 앞에서 자전거를 세우고 들어가려는데, 당 비서가 불렀다. 정문 입구에 안전원(경찰)이 있다고 했다. 노동단련대에 끌고 가려고 조회 시간 맞춰 왔으니 피하려면 뒷문으로 피하라고 했다. 조회에 참가하려고 모였던 직원들이 나를 빙 둘러쌌다.

"강철은 어떻게 단련되었는가?"

오스트롭스키의 혁명 소설 제목을 던지며 태연한 척 허세를 부렸다. 기업소 사무실 앞에서 잡혀가는 내 모습이 죄인의 그것이 아니기를 바랐다. '장마당 혁명가'로서 잡혀가고 싶었다. 우려하는 눈길 속에서 나는 안전원을 따라 노동단련대로 끌려갔다.

기업소에서 노동단련대까지는 40분 정도 걸어가야 한다. 가는 도중 남편의 제자를 만났다. 뜻밖에 그가 내 처지를 알고 나섰다. 노동단련대는 교화국이 아니라 시 인민위원회가 운영한다. 수감자들은 시 안전부가 관리 감독하는데, 남편의 제자는 노동단련내 시노원으로 수감자를 관리하는 안전원과 인맥이 있었다. 그는 병원에 돈을 주고 내 임신 확인서를 떼 왔다. 그것을 노동단련대에 제출하면서 가까스로 수감자 신세는 면한 것이 이 일의 결말이다. 하지만 그간 일군 재산이 무상 몰수됨으로써 나는 쫄딱 망한 알거지가 되었다.

중국 비자 암시장에
내민 도전

함정수사는 나의 입지를 냉정하게 돌아보는 계기가 되었다. 사회주의 질서가 무너지는 동시에 자본주의 시장이 하루가 다르게 발전하고 있었지만, 개인이 일구어낸 재산이 법적으로 보호되지 않으니 나의 사업에는 한계가 명확했다. 시장을 통한 또 다른 가능성은 충분했지만 사법기관 권력과의 인맥이 없다는 것, 이는 몇 번이고 알거지가 될 수 있는 나의 미래를 시사했다. 한마디로 기반이 약한 것이다. 검찰소나 안전부에 인맥이 있다면 사건마다 전화 한 통 미리 연결해 무마힐 수 있는 게 현실이었다.

   시장은 권력을 필요로 하고 권력은 뒷배를 감당해

줄 돈을 필요로 한다. 돈으로 권력도 살 수 있는 세상이나 검찰소 검사부장급 정도 인맥을 쌓자면 큰돈이 필요했다. 더 큰돈을 벌자면 장사 항목을 바꿔야 한다는 결론에 이르렀다. 이미 노출된 약장사는 다시 할 수 없었다. 고민을 해봐도 눈이 번쩍 트이는 방도가 없었다.

'이래저래 마음 졸일 일 없게 인조고기* 밥장사나 할까.'

음식 장사는 상대적으로 안전지대에 있었다. 그러나 나를 냉정하게 돌이켜보자. 이미 장마당을 선점해 전국 단위의 사업을 한 경험이 있다. 이제 와 장사 반경이 동네 울타리를 벗어나지 못한다면 내 몸이 근질근질 부작용이 나게 되어 있다. 장사 항목을 혁신해야겠는데 방법이 도저히 떠오르지 않았다. 변소에 앉아 용변을 보면서도 그 생각뿐인데, 똥 더미를 기어 나와 구불구불 기어가는 구더기가 보였다. 기어가다 떨어지고 다시 또 떨어져도 몸뚱이를 뒤집어가며 밖으로 나오려 애를 쓰고 있었다. 구더기도 저렇게 몇 번이고 돌진하는데.

---

* 콩기름을 짜내고 남은 대두를 가공한 식재료. 고기 대용의 단백질로 대중화되어 있었다.

발바닥이 저리도록 변소에 앉아 상념에 빠져 있는데, 중국 친척이 떠올랐다. 불길처럼 일어나는 집념의 고리들이 잠자던 뇌를 깨워주었다. 저 구더기처럼 기어서라도 다른 땅의 기회들을 찾아가라고.

중국에서 이주한 조선족이나 그의 자식들에게는 친척 방문을 허용하는 제도가 있다. 다만 친척을 방문하겠다 해도 거주지 인민반장과 담당 보위지도원, 안전원, 동사무소장이나 기업소 책임자 등 다섯 명 이상의 보증인이 필요하다. 중국으로 나가도 적대분자에게 흡수되거나 탈북하지 않는다는 보증 절차다. 다섯 명 이상의 보증인이 사인한 비자 신청 서류는 시당, 시 안전부장, 시 보위부장에게 올라가 검토를 받는데 한 곳이라도 사인하지 않으면 비자 신청은 조기 탈락된다. 전부가 승인해야만 겨우 비자 신청 자격이 주어진다. 비자 신청 자격이 주어진 서류는 그때야 시 보위부 해외 반탐국 외사과에서 접수한다. 진입 장벽이 가장 높은 곳이다. 이곳에서 통과돼야 도 보위부 해외 반탐국 외사과에 서류가 올라가는데, 여기서 최종 비자 신청 사격자를 선별하여 평양 여권총국에 올려 보낸다. 시·도에서 엄선한 대상이 올라가므로 여권총국에서는 평양

주재 중국 영사관에서 비자를 받아 여권과 함께 내려보낸다.

'개혁 개방된 중국으로 가자.'

나는 목표가 보이면 돌진하는 성격이다. 우둔한 사람이 곰 잡는 격인지 모르겠다. 목표는 단순했다. 중국에서 새롭게 장사할 밑천을 마련하는 것이었다. 중국 시장에서 물품을 수입해 내수시장에 유통하는 사업에 손을 대고 싶었다. 그렇게 된다면 삶의 기반이 해외 시장과 연결된다. 내화가 아닌 외화벌이 기반이 마련되는 것이다. 그러면 사법기관 인맥은 저절로 따라오게 되어 있다. 도전이 필요한 발상이었다.

나는 중국 비자 발급에 시동을 걸었다. 중국 친척의 초청 서류부터 있어야 했다. 중국에서 북한의 친척을 초청한다는 서류에 중국 자치정부와 변방대가 동의하는 도장을 찍은 것을 '동의서'라고 불렀다. 중국 옌지에 살고 있는 큰아버지에게 편지를 보냈다. 아버지와 함께 중국에 가겠으니 '동의서'를 보내달라고. 석 달 넉 달, 반년이 지나도록 회답 편지는 오지 않았다. 초청 서류가 없으면 중국 비자 신청은 시작도 할 수 없다.

마냥 기다릴 수 없었다. 온성군 남양으로 기차 타

고 갔다. 남양은 중국과 마주한 국경이어서 '따그다'(중국 핸드폰)를 갖고 있는 브로커가 있었다. 그것을 빌리면 중국 친척과 통화가 가능했다. 전화가 연결됐다.

"큰아버지, 동의서 한 장만 보내주세요."

이후 나는 두만강 다리 건너 중국 투먼세관이 훤히 바라보이는 남양역 층계에서 '왜가리'들과 매일 앉아 큰아버지를 기다렸다. 왜가리는 목이 긴 조류인데, 중국 친척의 도움을 받으려고 목을 길게 빼고 하염없이 두만강을 바라보는 나 같은 사람들을 왜가리라고 했다. 두만강 국경 일대에는 중국 친척에게 쌀이나 옷, 돈을 받으려는 사람들이 죄 왜가리가 되어 기다리고 있었는데, 그 숫자가 점점 늘어나 왜가리 부대가 되었다. 기다리다 지친 일부 왜가리는 두만강을 건너 탈북하였다.

'탈북할까.'

몇 번이고 생각했지만 기다리기로 하였다. 큰아버지가 나올 것이라고 믿었다. 여느 왜가리보다 더 길게 목을 뽑고 기다려도 소식이 없었다. 그 와중에 사스 전염병이 퍼지면서 북중 국경이 완전 봉쇄되니나. 2003년 4월이었다. 이제는 포기해야 할까? 그러나 자기 운명의 주인은 자기 자신이라는 주체사상의 진정한 의미를 이제는 알았다. 어려서 배운 주체사상은 장마당의 부상과 함께 상인들의 철학이 되었다. 정해진 질문에만 답을 찾아서는 안 된다.

나는 중국 비자 암시장을 찾았다. 시작이 절반이니 갈 데까지 가봐야 한다. 순천시장 입구 넓은 공터에 오토바이, 자전거가 수십 대 서 있다. 일본에서 수입된 자전거는 물론 오토바이가 원산항을 통해 전국 시장으로 유통되었는데, 오토바이 유행이 시작되면서 '주먹꾼'들이 판매시장을 점하고 있었다. 말하자면 조폭 영역이었다. 나의 기준으로 조폭 세계를 평가해본다면, 그들은 1980년대 패싸움을 몰아오던 불량배가 아니었다. 세상 물정을 손금처럼 꿰뚫고 필요하면 과감히 권력과 손을 잡아 시장을 주무르는 회색지대 세력이었다. 규정과 질서에 얽매이지 않고 능동적으로 손이 큰 상인들과 권력을 연계하는 사람들이었다. 이들에게 부탁하면 중국 친척 초청 서류를 해결할 것 같았다. 보장은 없다. 그저 뭐든 시도해야 한다는 생각이었다.

"동의서 한 장 부탁해요. 중국 친척 초청장이요."

지역 간 이동하려면 시 인민위원회 도장이 찍힌 여행증명서가 있어야 했는데, 국내 여행증명서에 찍힌 도장을 동전 하나로 모조하는 것을 수없이 보았다. 국내 화폐 위조도 빈번하였다. 대담하게 여기에 손을 대는 사람이 누구일까 곰곰이 생각해보아도 이들이 가장 적임자였다.

동년배로 보이는 30대 남성이 뚫어져라 쳐다봤다. 내가 어떤 사람인지 가늠하려는 것이었다.

"판때기 뚫리겠네."

농담을 던지자 그가 먼저 가격을 불렀다. 나는 명쾌하게 응했다.

보름 후, 세 명의 남자가 집으로 찾아왔다. 그중 한 명이 중국 친척 초청 서류를 나에게 건넸다. 중국 인맥과 연결되어 해결했는지 위조를 했는지는 알 바 아니었다. 똑같았으니까. 두말하지 않고 돈을 주려는데 언니가 막았다.

"다시 생각해봐. 가짜면 어쩌려고?"

까딱 잘못하면 큰돈 잃게 된다는 걱정이었다.

"도박인데 뭐. 그런 거 따지려면 시작도 안 했어."

그렇다. 이미 한발은 불법 영역에 내딛고 있었다.

장벽을 하나 넘고 나니 중국 비자 신청 자격이 문제였다. 비자 신청 기준은 연령이 중요한데, 55세 이상부터 자격이 된다. 젊은 사람이 해외 나가면 돌아오지 않는다는 것이다. 하물며 남성보다 여성에게 더 엄격하였다. 55세 이상이라도 여성이면 북한에 남편과 자식이 있어야 가능했다. 남편과 자식을 볼모로 잡아놓는 격이다. 당시 내 나이 32세였다. 연령 기준부터 탈락이었다. 하지만 틈새가 있었다. 중국 비자는 국가보위성 해외반탐과 외사과가 취급한다. 외사과 간부의 근무 연한은 3년으로 제한된다. 직위에 있는 3년간 재량껏 힘을 써야 개인 재산을 축적할 수 있다. 규정대로 비자를 발급해주면 재산은 고사하고 3년 기한을 채우기도 어렵다. 상관에게 뇌물을 바치지 못하기 때문이다.

내가 마주한 외사과 간부는 30대 후반, 체제를 보위하는 간부로서 뇌물을 모르는 인격자로 알려졌다. 그러나 천만에. 이들처럼 대놓고 뇌물의 정당성을 말하는 간부도 드물었다.

중국 비자 발급 대상을 기준대로 선발하면 '시라지 국물도 차례지지 않는다'*고, 그래서 기준에서 배제되는 대상을 일부러 선발한다고 한다. 그래야 상부의 과

---

* 시래깃국조차 못 먹는다 즉, 손가락 빨다가 굶어 죽는다는 뜻

제도 수행할 수 있다. 상부의 과제란 지역 보위부 김일성 혁명역사 연구실 운영 자금을 해결하도록 상부에서 부여하는 임무다. 주단, 커튼, 사무실 컴퓨터 비용까지 비자 신청자들에게 받아내라고 했다. 국가가 허용한 공식 암시장이 국가보위부였다.

그날, 시 인민위원회 1층 끝에 자리한 외사과 문턱을 넘어서며 느꼈던 묘한 떨림이 아직도 생생하다. 일반 신청자보다 네 배 큰 뇌물을 현금으로 주었는데, 가산을 팔아넘겨 마련한 돈이었다. 뇌물이 커서인지 다른 신청자들은 1년 기다려도 나오지 않는다는 중국 비자가 두 달도 안 되어 발급되었다. 고뇌와 설렘이 뒤섞인 시간이었다.

드디어 여권을 손에 쥐고 거리를 걸을 때, 낙엽이 우수수 나부끼고 있었다. 그 낙엽이 남들에겐 계절의 쓸쓸함일지라도 나에게는 새로운 시작을 알리는 축포처럼 보였다. 2003년 9월 말이었다.

'돈 배낭을 등에 지고 귀국하리라!'

약소민족의
슬픔

2003년 10월 4일, 중국 투먼에서 버스를 타고 옌지에 도착했다. 횡단보도를 건너 택시를 타야 했지만 도무지 길을 건널 수 없었다. 이렇게 많은 승용차와 택시가 오가는 모습은 처음이었다. 그러거나 말거나 중국 사람들은 달리는 차 사이로 잘 걸어 다녔다. 당시 옌지 도로에는 교통신호를 지키지 않고 달리는 차량이 종종 있었다. 두리번거리며 서 있는 나에게 인력거가 다가왔다. 뭐라고 말을 했지만 알아듣지 못했다. 아마도 어디로 가느냐고 묻는 듯했다. 신기했다. 승용차들이 쌩쌩 달리는 도로 한복판에 인력거가 함께 달리고 있다니, 마치 원시인과 현대인이 한 공간에 있는 듯한 진풍경이었다. 포복 전진하듯이 길을 건너는 동안 중국 사람들이 힐끗거리는 시선이 느껴졌다.

'아차.'

내 옷에 달린 김일성 배지*가 시선을 끌고 있었다. 지뢰를 제거하듯 황급히 옷에서 배지를 떼어냈다.

"한국에서 왔어요?"

택시를 타고 큰아버지 집으로 가는 도중 택시 기사가 물었다. 조선족인 그는 내 말투와 억양을 한국 사람으로 착각한 듯했다. 양강도나 함경도의 억양과 사투리는 중국 옌볜 지역과 비슷하지만, 평안남도 억양은 높지 않아서인지 한국 말투로 들렸던 모양이다.

"아니요. 조선에서 왔어요."

택시 기사가 나를 쳐다보았다.

"북조선이요? 강을 건너왔나요?"

불법으로 강을 넘었느냐는 질문이었다. 나는 여권을 내보였다.

"큰아버지 찾아왔어요."

내가 북한에서 다시 중국으로 돌아온 조선족 2세

---

* 북한 사람들은 수령의 초상이 있는 배지를 달고 다녀야 한다.

라는 말을 듣자 기사는 감동한 듯 몇 번이나 "잘 왔소, 잘 왔소"라고 되뇌었다. 그는 큰아버지 집 앞까지 태워주면서도 값은 절반만 받았다. 정말 친절했다.

정작 친절을 기대했던 큰아버지 반응은 또 달랐다. 단독 주택의 대문을 열고 들어가면서, 국경을 넘어온 친조카를 보고 반가워 소리치면 나는 어떻게 인사해야 할까 생각했었다. 상상했던 분위기는 아니었다. 형식적이라고밖에 할 수 없는 어색한 첫마디가 떨어졌다.

"오느라 고생했다."

큰아버지와의 첫인사였다. 수차례 보냈던 편지와 사진 덕분에 큰아버지는 내 얼굴을 알아보았다. 나 역시 큰아버지의 모습이 낯설지 않았다. 핏줄은 핏줄인 듯, 아버지와 큰아버지의 모습은 너무나도 비슷했다.

아버지가 자란 집 주변을 둘러보니 새삼스러웠다. 사진으로 받아본 적 있던 아버지의 옛 동네는 몰라보게 변했지만 집 앞에 보이는 낮은 야산은 그대로였다. 큰아버지 소유의 그 산에는 잣나무가 무성하게 자라고 있었다. 나는 북한에서 가져온 개성인삼 술과 대동강 맥주, 참미역을 선물로 드렸다. 출국을 준비하며 중국에 계시는 큰아버지에게 어떤 선물이 좋을지 아버지께 여쭈어보았었다.

"중국에는 개도 이밥에 고기 먹고 산단다. 그러니 아무것도 필요 없다."

하여 중국에 다녀온 사람에게 물어보니, 중국 조선족들은 북한의 참미역을 좋아한다고 했다. 그래서 나는 동해 일대 장마당에 가서 품질이 가장 좋은 참미역을 사 가지고 왔다.

큰아버지와 큰어머니에게 가지고 온 술을 한 잔 부어 올리며 절을 올렸다. 살면서 큰절을 해본 것은 처음이었다. 북한에서는 제사 때만 절을 한다. 어른에게 깊이 절하는 모습은 한국 영화에서 배웠다. 그 모습 그대로 큰절 올렸지만 보기 좋지 않았는지 큰어머니가 한마디 툭 던졌다.

"수캐 절 같네."

"당신 무슨 말 그렇게 하오?"

큰아버지의 나무람에 공기가 싸해졌다. 나는 분위기를 파악하지 못했다. 큰어머니의 말투가 퉁명스러웠지만 원래 그런 말투일 뿐, 수캐 절 얘기도 농남이라고만 여겼다. 그런데 큰아버지는 왜 정색을 하시는 걸까.

중국에 체류하는 동안 큰어머니는 한 번도 나에게

싫은 소리를 하지 않았다. 그는 푸접이 좋거나 수다스러운 성격이 아니었다. 갸름한 얼굴에 가끔 미소를 짓기도 했지만, 대개 표정은 자물쇠가 잠긴 듯 굳어 있었다. 시간이 지나며 깨달았으나 유난히 내 얼굴을 마주할 때 과녁의 정중앙을 조준한 사수처럼 낯빛이 경직되었고 그때마다 내 감정은 조용히 밀려오는 파도와 마주하듯 선득해졌다. 단둘이 있을 때의 쌀쌀한 분위기를 더 이상 무던히 넘기기 어려워졌다.

그러던 어느 날 뜻밖의 사실을 알게 되었다. 중국에 나의 친언니가 있다는 것이다. 즉 아버지의 첫사랑이었던 여자가 낳은 딸이었다. 아버지의 첫사랑은 어릴 적부터 동네에서 함께 자란 분으로, 아버지와 연인 관계이면서 다른 남자를 만난 것을 뒤늦게 아버지가 알게 되면서 헤어졌다고 들었다. 아버지가 북한으로 이주한 후 그는 여덟 달도 안 된 아기를 아버지 살던 집 마당에 버리고 갔다고 한다. 아버지의 딸이라 하였다. 그리고 다행인지 불행인지, 그 시점에 큰아버지의 아내가 출산한 상태였다.

1960년대 중국에서는 산모가 보양할 이밥 한 그릇도 귀하였다. 출산한 큰어머니도 제대로 먹지 못해 젖이 부족했는데 범처럼 무서운 나의 친할머니는 며느리에게 "다른 쪽 젖을 물려 버려진 아기를 살리라"고 했단다. 그 며느리가 바로 중국의 큰어머니, 버려진 아기가 나의 친언니이다. 큰어머니는 그렇게 두 명의 아기를 고생스레 키웠다. 그러나 나의 친언니는 무슨 상처 받았는지 성인이 되자마자 큰어머니와 의절하고 해외로 나갔다고 한다.

큰어머니 가슴에 대못으로 박혀버린 상처의 깊이는 세월이 흘러도 메워지지 않았으리라. 그 분노를 분출할 길이 없던 중 아기를 버린 아버지의 딸이 눈앞에 나타나자 보이지 않는 칼날을 세우게 된 것이었다. 거기까지 알게 되자 더 이상 머무르면 나 또한 심장병이 날 것 같았다. 중국 비자 기간은 90일, 숨을 고르며 청을 드렸다.

"큰아버지, 저 귀국하겠습니다. 5000달러만 도와줄 수 있나요?"

한참 생각한 큰아버지는 무겁게 거절했다. 큰어머니가 돈을 관리하니 수가 없다고 하였다.

"너무 서럽게 생각하지 말거라. 큰어머니도 나쁜 사람은 아니란다."

개혁 개방된 중국에 오면 나무에서 돈을 따 부자가 되리라던 포부는 부서졌다. 누구의 탓도 아니었다. 망망대해에 홀로 있는 기분이었다. 중국말을 모르니 취직도 어려울 터, 이제 어디로 가야 할까?

그날 왜 교회로 발걸음이 향했는지 모르겠다. 북한 땅에서 교회 신앙은 수령에 대한 반역이다. 괴롭고 허한 와중에 붙들 수 있는 것이 세상을 향한 반발심뿐이었는지도 모른다. 옌지교회는 높은 층계를 올라가야 입구에 도착할 수 있었다. 휠체어에 앉아 가족의 도움을 받으며 층계를 오르는 남성이 보였다. 나는 그들 모습을 바라보며 교회로 들어갔다.

'무거운 짐을 진 자들아, 내게로 오라, 내가 너희에게 쉼을 주리라.'

숭고한 감정이 들었다. 이어 긴장감도 느껴졌다. 교회가 어떤 곳인지 북한에서 들은 적이 있었다. 성경책 하나만 나와도 줄줄이 엮여 정치범 수용소에 들어가는데 내 고향에서 지하 교회가 적발되어 200여 명이 잡혀간 일이 있었다. 주위를 살피며 사람들에 섞여 목사의 설교를 들었다. 설교 내용을 이해하지 못했지만 둑 터진 듯 눈물이 쏟아졌다. 설교가 끝난 후 찬송가를 부를 때까지 눈물은 도무지 멈추지 않았다. 조용히 10위안을 헌금하고 나왔다. 헌금 봉투에는 이름 대신 '조선 사람'이라고만 적었다. 눈물 자국이 얼굴에 남은 채로 교회 주변을 몇 번 배회한 후 버스를 탔다. 버스로 세 정거장을 가면 옌지 서시장에 도착한다.

서울의 동대문시장과 유사한 옌지 서시장은 크고 번잡했다. 반나절을 돌고 돌아 라디오 판매점을 찾았고, 그곳에서 10위안에 소형 라디오를 샀다. 라디오의 주파수를 돌리니 한국어 방송이 나왔다. 그것은 중국 옌볜 아리랑 방송이었다. 오후 4시에 구인 방송이 나왔고, 숙식이 가능한 '전주감자탕'이 연결되었다. 그 식당은 진달래광장으로 가는 길에 위치했고 30대 조선족 부부가 운영하는 한식 전문 식당이었다.

그날 저녁 큰아버지 집을 나왔다. 이후 90일 비자를 세 번 연장하며 1년 가까이 전주감자탕 식당에서 일했다. 월급은 600위안이었다. 그렇게 6000위안을 모았다. 그 돈을 가지고 귀국하면 무엇을 할 수 있을까? 창업 자금으로는 턱도 없었다.

'여기서 기술을 배워 가자.'

어머니가 생존하셨을 때, 체제가 변해도 기술은 무

형의 자산으로 쓸모가 있다고 하신 말씀을 떠올리며 결심했다. 경락 안마 학원에 등록하고 1000위안을 등록비로 지불했다. 한 발을 전극 판에 올려놓고 내 몸에 전기를 흘려보낸 후, 전기가 흐르는 두 손으로 환자의 머리부터 다리까지 혈을 따라 흝어주며 막힌 혈을 뚫어주는 기술이었다. 찌릿찌릿한 전압을 견디는 훈련에만 1개월이 필요했다.

새벽마다 열리는 옌지 수상시장에서 조금 걸어가면 케이크를 판매하고 만드는 기술을 알려주는 가게가 있었다. 그곳에서 돈을 내고 케이크 만드는 기술도 배웠다. 머지않아 고향에도 케이크에 촛불 꽂고 '생일 축하합니다' 노래를 부르며 즐기는 문화가 올 것이라 믿었다.

2004년 10월 드디어 귀국 길에 올랐다. 세관에서 여권 수속 절차를 기다리던 중, 나처럼 귀국하려는 북한 사람들을 만났다. 그중 한 명은 50대 여성으로 운이 좋았다. 중국에 있는 고모의 아들이 미국에서 살고 있어 2만 달러를 보내주었다고 했다. 그는 북한 세관에서 3000달러 이상은 회수한다는 정보를 알고, 중고 타이어 안에 달러 현금을 돌돌 말아 넣고 남양에 있는 세관을 통과했다. 한 명은 중국에 있는 누이동생을 만나지 못하고 빈손으로 나가는 60대 아저씨였다. 만나려던 누이동생은 한국으로 돈 벌러 나갔고 그를 맞이한 조카들은 이런저런 구실로 밥 한번 사주고 연락을 끊었다고 했다. 그는 거지 취급을 받았다고 분노하였다. 또 다른 여성은 중고 옷이 담긴 마대들과 재봉기를 트럭에 가득 싣고 세관에 도착했는데, 표정이 그리 밝지 않았다. 반면 그와 함께 온 중국인 중년 남성은 뿌연 얼굴로 트럭에서 내리며 웃고 있었다.

왠지 슬픈 감정이 밀려왔다. 중국 사람과 북한 사람의 처지가 빈부로 뚜렷이 나뉘어 있었다. 사람뿐만 아니다. 두만강 너머 북한 남양 거리와 중국 투먼 거리는 얼마나 대조적인가. 내 조국은 왜 이렇게 가난하여 친척 간에도 외면과 차별을 하게 만드는가? 나라 없는 백성이 상가의 개만도 못하다는데, 나라가 있어도 상가 개만 못한 민족의 현실은 누구의 책임일까?

사회주의
붉은 자본가 등장

중국에서 귀국하니 1년 사이 고향은 너무 달라져 있었다. 대동강 경관을 배경으로 건설된 금천강 무역회사 종합봉사소*가 눈길을 끌었다. 역으로 마중 나온 형제들이 말했다.

"저거 개인이 건설한 거야. 이젠 자본주의 다 됐어."

하루가 다르게 세상이 변한다며 종합봉사소를 가리키며 말했다. 둥그런 모양의 4층짜리 건물이었다. '돌

---

* 기존 북한 사회에서 볼 수 없었던 서양 식당부터 사우나, 찜질방, 노래방, 안마원 등을 갖춘 복합 문화 공간. '자본주의 생활 문화'를 사람들에게 인식시켰다.

두령'이 건설하고 개업한 시설이라 했다. 돌두령은 북한에서 창작된 장편 애니메이션 「소년장수」에 나오는 적장 캐릭터 이름이다. 종합봉사소 사장이 돌두령이라는 별칭으로 불리게 된 것은 돌로 만든 솥 등을 중국에 수출하며 사기업가로 성장했기 때문이다. '민중의 수령'을 뜻하는 은어였는데, 그가 운영하는 기업과 봉사소에서 일하면 월급과 식량을 매달 공급받을 수 있었기에 감사를 담은 호칭이었다.

종합봉사소는 내가 살던 집에서 도보 5분 거리였다. 지상과 지하에 음식점과 목욕탕, 사우나 등이 운영되었다. 고급스러운 조명이 설치된 층마다 번쩍번쩍한 인테리어와 손님에게 제공되는 최상의 서비스는 말 그대로 자본주의 문화의 체험판이었다. 중국요리점, 서양요리점, 민족요리점마다 양주와 와인 등 수입산 주류가 내화로도 외화로도 판매됐다. 그뿐인가. 지금까지 살면서 내가 본 목욕탕은 시·군마다 자리한 지방정부 산하 '은덕원'이 전부였다. 수령님의 은덕으로 꾸려진 목욕탕이라고 하여 '은덕원' 상호를 쓰는 것인데, 물탱크 겉면에 하얀 타일을 절반쯤 붙여놓은 대중탕이었다. 이마

저도 고난의 행군[*] 이후 연료와 수돗물 공급이 끊겨 영업이 완전 중단되었다.

사정이 이러하니 대도시에서도 함지 목욕이 보편적이었다. 비닐로 만든 커다란 주머니 윗부분을 묶어 천장 고리에 고정하고 밑으로 늘어뜨린 텐트 모양 박막 안에 뜨끈한 물을 부은 함지를 밀어 넣으면 텐트 공간이 뜨끈해진다. 그 안에 놓인 함지에 앉아 몸을 씻는 것을 함지 목욕이라고 한다. 대중목욕탕과 부부탕, 독탕이 있는 종합봉사소가 운영되면서 순천에는 함지 목욕이 거의 사라졌다. 목욕을 하고 나서 지하에 자리한 노래방에 들어가 억눌렸던 감정을 분출하고 나면 막혔던 물길이 터지는 기분이었다. 버드나무 밑에서 고구마를 팔던 할머니는 '공산주의가 우리도 모르게 지나갔네'라며 혀를 끌끌 찼고 젊은이들은 '움직이면 돈을 버는 지금이야말로 살만한 세상'이라고 입을 모았다.

빈손에서 기업을 세우고 자본을 재투자해 서비스 시설을 확장한 돌두령, 박기원 사장은 50대 남성으로 개천교도소 출소자였다. 10년 복역하고 출소한 그는 돌

---

[*] 1990년대 북한 최악의 식량난 시기

가공 가내반을 조직하고 공장 노동자들을 노동력으로 고용하였다. 가내반은 비생산 노동력인 가정주부들이 빗자루나 바구니 등 8·3제품을 만드는 곳이다. 가내반 인력으로 국영 공장 노동자를 고용하는 자체가 불법이나 국가 식량 배급이 무너진 상황에 공장 노동자를 고용하여 식량을 주는 것은 정부의 역할을 대신하는 셈이었다.

　10명 정도의 인력으로 시작된 돌가공 가내반은 검덕광산에서 채굴한 원석을 사들인 다음 열차로 운송하여 돌가마, 돌솥 등을 가공하였다. 가공한 제품을 중국 시장에 판매하는 데 성공하면서 박기원 사장은 돌가공 가내반을 지방정부에 공식 등록하여 '수출 돌공예품 공장'으로 승격시켰다. 지방정부 명의 사기업가가 된 것이다. 지방정부 산하 기업을 운영하는 간부로 공식 등록되려면 우선 당원 신분이어야 한다. 교도소에 수감되며 출당된 그에게 복당은 필수였다. 그는 시당 책임비서와 기발한 각본을 세웠다. 김정일의 생일에 오골닭 216마리를 충성의 선물로 올리는 것인데, 이 각본으로 복당과 함께 김정일의 감사장을 획득하는 데 성공하였다. 헌법 위에 최고지도자가 존재하는 북한에서 김정일의 감사장은 국내외로 사업을 확장할 수 있는 정치 자본의 증권이나 같았다.

박기원 사장이 돌가공 기업을 운영하면서 종합봉사소 신설을 추진한 이유는 잠재적인 수요를 자극하기 위해서다. 당시 순천에 석탄 수출 시장과 부동산 시장 등이 활성화되면서 주민 소비 수준이 눈에 띄게 달라졌다. 국가가 식량을 배급하던 시대에는 대부분의 주민이 너덜너덜한 종이 장판에서 살았으나 이제는 중국산 '레이자 장판'으로 일신했다. 이전에는 간부들의 가정에만 TV와 녹음기 등 가전이 있었다면 이제는 일반 주민들도 TV와 VCD 플레이어 등을 보유하였다. TV도 중국산 흑색TV가 아니라 일본에서 수입된 컬러TV가 놓였다.

생리적 욕구가 해결되면 문화생활의 수요가 떠오른다. 물론 식량 배급 시대에도 사람들은 노래를 부르고 춤을 춰왔다. 정치 행사에서 집체로 조직된 노래나 무도회 말이다. 그러나 불러야 하는 노래와 그저 부르는 노래는 차원이 다르다. 혁명성을 호소하는 선정성 가요가 억지로 열린 목구멍 안에서 뽑아내는 소리라면 사랑과 행복, 삶의 회한 같은 서정 가요를 스스로 부르는 것은 마음이 승화되는 행위였다. 사랑 얘기가 빠지면 문화 콘텐츠로 치지 않는 한국 영화나 한국 노래가 한류 돌풍으로 일어난 시점도 이 시기였다.

시대적 흐름을 정확히 읽어낸 박기원 사장의 서비스 시설은 성공적이었다. 당시 시장에서 쌀 1킬로 가격이 내화 700~1000원이었다. 종합봉사소 목욕탕 가격은 2000원, 안마 1시간이 5000원 선이니 캔 맥주 마시고 식사하고 노래방까지 가면 하루 지출 비용이 1인당 수만 원이었다. 그럼에도 돈을 번 사람들은 쌀 수십 킬로 가격에 하루의 휴식과 즐거움을 사러 종합봉사소에 모였다. 간부는 간부대로 일반 주민은 주민대로 이전에 겪어본 적 없는 새 문화를 음미하였다. 석탄 수출 인프라가 자리하고 있는 순천에는 석탄을 운송하는 화물 트럭을 손 세차만 해줘도 공장 노동자의 월급에 맞먹는 임금을 받는다. 영세민들도 가끔 한 번씩 짜장면을 먹으며 가족 외식이 가능하다는 말이다.

종합봉사소에서 나오는 수익금의 일부는 세금 형태로 지방정부에 매달 바친다. 정부 세원으로 활용되는 것이다. 또 전쟁 노병들과 영예 군인에게는 한 날에 한 번 목욕과 안마를 무료로 제공했다. 수령의 이름으로 지역 어린이들에게 공급해야 할 당과류 선물 생산 자금도 종합봉사소가 마련했다. 그리고 다시 부재 공장과 강철공장 신설에 수익을 투자해 지역 일자리를 창출하였다. 사회주의 붉은 자본가의 등장이었다.

5부

위태로운 시장에 번지는 불길

빵 생산 기지

 나도 지체없이 시장화의 파도에 뛰어들었다. 귀국 후 두 달 만에 빵 생산 기지를 창업하였다. 누구나 기업을 경영할 수 있는 한국에서 바라보면 영세기업이지만 북한에서는 드문 규모의 사기업이었다. 전국 시장에 빵을 도매했으니까.

 우선 부지가 필요하여 살던 집을 매물로 내놓았더니 '돈이 붙는 집'이라며 시가보다 두 배 비싸게 팔렸다. 집을 판 돈에 내 돈을 보태어 길목이 좋고 텃밭과 마당이 넓은 단층집을 사들였는데, 나의 본가였다. 아버지를 남동생이 모셔 가면서 본가를 판다기에 내가 사들인 것이다. 그리고 이곳은 말 그대로 '빵 공장'이 되었다. 울타리 안 공터에 분탄이 저장되고, 김장독을 묻던 창고 안에는 에너지로 사용되는 연탄이 차곡차곡 쌓였다. 분탄과 연탄은 빵 생산에 중요한 에너지였는데, 분탄을 전문으로 찍어 판매하는 상인이 3~4일에 한 번 손수레로 운반해 쌓아놓았다.

안방과 연결된 전실에는 다섯 개의 오븐이 설치되었다. 그곳에서 일공들이 동그란 형틀에 빵 반죽을 넣고 손으로 빠르게 비비고 돌려 찍어놓으면, 노공이 그것을 오븐에 넣어 구워내는 일을 했다. 부엌은 일공들이 식사하는 식당이 되었고 아랫방 공간은 빵 반죽을 발효하고 일공들이 쉬는 휴게실이 되었다. 윗방은 말이 방이지 자재 창고를 방불케 하였다. 한쪽에는 설탕과 밀가루, 식용유와 우유 가루 등이 마대와 통으로 쌓여 있었고 한쪽에는 빵을 포장한 박스 등이 들어차 사람이 앉을 공간이 없었다.

내가 만든 빵은 '고급빵'이라는 상품명으로 판매되었다. 새로 개발된 빵이었는데, 고난의 행군 시기 주민들이 개발한 직경 8~10센티미터의 계란빵과 달랐다. 계란빵은 밀가루 반죽에 사카린을 넣어 빵틀에 구운 후 계란물을 살짝 입힌 동글납작한 빵인데, 한두 개 먹어서는 허기를 못 채우기에 주로 아이들 간식으로 팔렸다. 나의 고급빵은 밀가루 반죽에 소다를 넣고 증기에 쪄서 파는 증기빵과도 달랐다. 직경 15~20센티미터나 되는 크기에, 밀가루와 설탕을 1:1로 반죽하여 우유, 달걀, 버터, 콩기름을 넣고 일곱 시간 이상 발효 한 이후 고온의 오븐에서 구워낸 영양 높은 빵이었다. 한 개 먹어도 속이 든든했다. 당도가 높아 더위에 쉽게 부패하지 않는 것도 시장에서 인기 높은 이유 중 하나였다.

고급빵을 만들려면 무연탄이 필수이다. 무연탄이 흔한 순천에서 유일하게 고급빵을 대량으로 만들 수 있었다. 증기빵과 계란빵은 아궁이에 장작을 넣은 후 그 위에 얹은 밥솥으로도 만들 수 있으나, 고급빵은 반드시 고온의 오븐에서 구워내야 모양과 맛이 살아나는 것이 특징이었다.

나는 세수할 시간도 없었다. 자전거 바퀴가 찢어지도록 페달을 돌리며 설탕과 밀가루 등을 운반했다. 당시 국영 상업망인 순천백화점에서 설탕과 밀가루를 시장 가격으로 도매했다. 순천의 빵 생산 기지에서 밀가루와 설탕을 소비하는 물량이 늘어나자 국경에서 순천까지 빵 생산에 필요한 원자재를 조달하는 개인도 등장했다.

이들은 국영 백화점과 경쟁을 하면서 고객 확보에 나섰는데, 고객 끌기 전략으로 후불제 방식을 도입하였다. 빵을 생산하는 개인에게 설탕과 밀가루, 빠다(버터), 기름 등을 외상으로 주었고 거기서 더 나아가 빵 생산 기지까지 원자재를 배달해주었다. 후불제 거래와 원자재 배달이 생겨나서야 내게도 세수할 여유가 생겼다.

 빵 반죽 배합 기술은 기밀이었기에 반드시 나의 몫이었다. 오븐에서 구워낸 빵을 임의로 검수하여 불합격품을 선별하는 과정도 업주의 역할이었다. 합격품은 박스에 포장해 쌓아두고, 늦은 오후부터 달리기상인에게 도매하는 일도 매일 반복되는 일상이었다. 가장 중요한 일은 원가와 인건비를 빠짐없이 기록하고 매달 수익을 계산하는 회계 업무였다. 매일 출근하는 일공들의 이름과 노동 시간, 생산 실적을 장부에 기록한 뒤 이에 따라 각자에게 노임을 지불하는 과정도 업주의 일이었다.

 일공들마다 노임을 받는 날짜에 차이가 있었다. 가정 형편이 어려운 일공은 하루 단위로 노임을 지급해달라고 요청했고 주 단위나 월 단위로 요구하는 이들도 있었다. 노임을 받은 일공들이 까르르 웃으며 퇴근할 때, 그들을 바라보는 나의 마음도 흐뭇하였다.

우리 주인

내가 없는 사이 빵을 넘겨받으려는 도매상들이나 설탕과 밀가루를 넘겨주는 상인들이 집에 오면 일꾼들은 이렇게 말했다.

"우리 주인 없어요. 기다리라요."

'우리 주인?'

대문 밖에 도착해 자전거에서 내리며 그 말을 들었을 때, 기분이 묘했다. 언제부터 일꾼들이 영업주를 '우리 주인'이라고 부르기 시작했을까? 누군가가 그렇게 부르라고 시켰을 리는 없었을 것이다. '우리'가 이 땅에서 이때껏 배운 주인의 뜻은 하나뿐이었기 때문이다.

이 용어는 집단경제에 인민을 묶어놓고 사상과 노

동력을 총동원하는 데 활용하기 위해 정부가 소유해온 선전 용어였다. 단 한 번도 '주인'이라는 용어는 인민을 위해 사용되지 않았다. 오히려 주인이라는 개념은 국가와 인민을 사유화한 수령에게 목숨까지 바치도록 함으로써 인간의 권리를 원천적으로 박탈한 것이라고 할 수 있다. 예를 들어 북한은 국영 공장마다 '공장의 주인이 되자'는 구호를 내걸고 당 간부들이 공장 설비를 '주인답게' 관리하도록 종업원들을 이끌어야 한다고 강조하고 있다. 또 전국 농장에는 '농장 포전은 나의 포전이다'라는 구호가 걸려 있다. 국가 농경지를 자기 집 텃밭처럼 알뜰하게 가꾸어, 국가가 부여한 알곡 계획을 수행하라는 의미였다. 하지만 공장과 농장에서 1년 365일 열심히 일해도 이밥에 고깃국을 먹을 수 없었으니, 당국이 주장하는 주인의 의미는 3대 세습 통치를 유지하여 사실상 인민이 주인 되는 세상을 없앤 것이라고 해도 과언이 아니었다. 그럼에도 인민은 수십 년간 자신들이 나라의 주인인 줄 믿고 당과 수령에게 충성을 다했다.

    나 역시 그랬다. 비가 오면 제일 먼저 나라의 주인으로 나를 내세워준 김일성 동상이 젖지 않도록 뛰어가던 소녀였다. 그러나 장마당 시대가 진전하면서 주인의 기준이 달라졌다. 고용주를 두고 일공들이 사용한 우리 주인이라는 호칭은 당시 내게 무척 상징적으로 다가왔다. 시장을 무대로 '우리'라는 새로운 계급이 태동하고, 각자의 삶에서 주인의 의미가 재조명되는 벅찬 시대였다.

경험으로부터
혁명으로

영업 6개월이 지나자 수익과 임금, 경영 관리라는 것에 감이 잡혀왔다. 모든 것을 실전에서 익혀야 하는 처지에서 도매 규모가 커지니 처음에는 사업을 큰 그림으로 보기 어려웠으나 경험을 쌓으며 사기업 운영 패턴을 3:3:3 구조로 꾸렸다. 예를 들어 생산하는 빵 500개당 원가, 인건비, 순수익을 각각 30퍼센트로 한다. 나머지 10퍼센트는 불량품이나 일공들의 생일과 명절에 공급하는 복지 비용으로 잡았다.

이때쯤 진지하게 생각하게 된 것은, 내가 고용한 일공의 임금과 국가가 채용한 공장 노동자의 임금이 30배 차이가 난다는 사실이었다. 그 차이에 대해 끊임없이 의문이 일었다.

'왜 북한 사회주의 체제에서 노동자의 노임은 개인이 고용한 일공의 노임보다 30배나 적을까?'

개인에게 고용되면 식량을 사고도 저축할 수 있는 돈을 받지만 국가를 위해 일하면 먹고살기도 힘들다. 그래서 공장 노동자의 월급을 '생활비'라 부른 것이었을까. 갑자기 사회주의의 우월성을 상징하는 무상 치료와 교육 제도가 떠올랐다. 애초에 노동자에게 지급했어야 할 급여로 충당한 국가 예산으로 운영되는 무상 제도였다. 그러니 식량배급제가 무너진 지금의 공장 노동자는 노동력을 거저 떼이고 있는 셈이 아닌가.

이러한 이치는 개인에게 고용되어 노임을 받는 일공들도 깨달았다. 어쩌면 일공들은 고용주보다 훨씬 더 빨리 잉여가치와 임금 관계를 이해했을지도 모른다. 빵 생산 기지에서 일공들이 수군거리는 말을 들었다.

"지주나 자본가가 나쁜 놈이 아니었네."

배워왔던 것과 다른 이치를 삶으로 학습한 일공들은 사회주의와 자본주의의 차이를 아주 간단하게 설명하고 있었다.

"사회주의, 자본주의가 뭐냐 했더니…… 우리 주

인처럼 빵 설비를 개인이 갖고 있으면 자본주의고, 국가가 갖고 있으면 사회주의네."

나 역시 그들을 통해 매일 깨닫고 있었다. 우리는 집단 교육을 통해서가 아니라 각자가 몸으로 부딪으며 스스로 세상을 이해하기 시작하는 중이었다. 그리고 이렇듯 경험에서 대중 계몽이 비롯될 때 비로소 사회의 역동성이 일어난다는 사실도.

'시민혁명이 이렇게 일어나는 거구나.'

물론 지금 생각해보면 갓 출발한 사업가로서 일공들에게 미안한 일도 적지 않게 했다. 퇴근하는 일공들의 손가방을 검사했고 일공들을 통째로 해고한 적도 있다. 맨손으로 일구어낸 나의 빵 기지를 지키기 위해 어쩔 수 없었다고 변명해야 할까?

설날과 추석이 다가오면 빵 생산지는 성수기를 맞이한다. 외화벌이 회사와 개인 탄광 등에서 명절 물자로 종업원들에게 빵과 과자를 공급하기 위해 주문을 하기 때문이다. 그러면 빵 생산지는 주야 교대 작업에 들어간다. 납품 기일을 맞추기 위해 24시간 동안 빵과 과자를 생산한다. 주로 미혼 여성 일공들을 야간 교대에 배치했다. 고용주의 입장에서 미혼 여성은 봉사해야 할 남편이 없으니 기혼 여성보다 야간 교대에 적합하다는 판단도 있었지만, 자재나 빵을 훔칠 우려가 적다는 이유가 더 컸다. 돌볼 가족이 없기 때문이다.

그런데 일공들의 입장은 또 대개가 야간 교대에서 일하기를 선호하였다. 급여를 계산하는 기준 때문이었다. 생산한 빵 숫자로 계산을 하였는데 주간보다 한 시간 긴 야간 노동을 하면 더 많이 벌 수 있었던 것이다. 그렇게만 생각했으나, 일공들이 야간 교대를 선호한 데는 또 다른 이유가 있었다. 새벽에는 주로 고용주가 현장에 없었기 때문에 우유, 밀가루, 설탕을 몰래 가져갈 수 있었다. 하룻밤에 우유나 설탕을 1킬로그램만 빼돌려 장마당에 내다 팔면 일주일 치 노임과 맞먹는 돈을 벌 수 있었다.

어느 날 회계 장부를 정리하던 나는 주간 교대와 야간 교대에서 원료 대비 생산량에 차이가 나는 것을 발견했다. 결국, 야간 교대 일공들이 퇴근하려고 작업장을 나설 때 그들의 가방을 불시에 검사하기로 했다.

"가방 좀 볼게요."

일공들은 잠시 주춤했지만 결국 가방을 열 수밖에 없었다. 일공 열 명의 모든 가방에 설탕과 밀가루가 있었다. 심지어는 빵 반죽 덩어리도 발견되었다. 화가 올라 붉어지는 내 얼굴만큼 일공들 역시 얼굴을 붉히는 것 같았다. 내가 어찌 그들의 마음을 모르겠는가. 그러나 이 상황을 묵과한다면 앞으로는 설탕이나 밀가루를 마대 통째로 들고 나갈지도 모르는 일이었다.

"내일부터 가방 들고 출근하지 말아요."

당시 내가 할 수 있는 최선의 통제 방법이었다. 그 후로 일공들은 가방 없이 출근했다. 하지만 가끔 몸속에 숨겨서 설탕이나 밀가루를 가져가는 일이 있었다. 품이 유난히 넉넉한 상의를 입고 출근하는 일공을 퇴근할 때 세워놓고 검열하다 보면, 어김없이 봉지가 툭 떨어지곤 했다.

현장 감시를 강화하려고 시어머니를 감시원으로 배치해보기도 하고 일공 중 한 명에게 은밀히 자재 도둑을 감시하라는 임무를 맡기기도 했다. 그러나 결과적으로 모든 노력이 허사였다. 시어머니가 식사를 준비하는 틈을 타서, 혹은 고용주가 배치한 감시원을 포섭해 일공들은 자재를 빼돌렸다. 그 단합을 틀어막을 방도는 없었다.

'군수공장처럼 무장 보위대 초소를 만들 수도 없

고…….'

별난 생각이 다 들었다. 가끔 사업하는 여자들끼리 모여 영업 경험을 서로 교환했는데, '출신 성분'을 보고 일공을 뽑자는 우스운 말도 이 때문에 나왔다. 하지만 이미 부패하여 휘청이는 세상이 정해놓은 출신 성분이라는 것이 대체 뭔가. 살길을 개척 중인 여자들은 이미 깨닫고 있었다. 사람은 사람 나름이다.

신정 대목을 맞아 한창 정신없던 날, 마당에 쌓인 연탄 잿더미 위로 하얗게 쌓였던 눈 한 가운데가 동그랗게 녹아 있는 것을 보았다. 부자연스러운 모양새에 의문이 들어 발로 툭툭 그곳을 파봤다. 아이고 기막혀라, 봉지마다 꿍쳐놓은 밀가루와 설탕이 연탄재 속에서 빠끔히 드러났다. 일공들은 모두 자기 소행 아니라고 우겼다. 다음 날 그 교대 일공들을 통째로 해고했다.

그때 내가 해고한 열 명이 가끔 생각난다. 당시 그들의 나이가 18~25세였다. 어떻게 살고 있을지, 미안한 마음이 종종 든다. 그나마 그들이 나와 함께 일할 때 배곯는 일 없이 세끼 이밥 먹고 잘 지냈다는, 그것으로 미안함을 조금이라도 덜어도 될까?

정말로 잊히지 않는 후회는 따로 있다. 당시 야간

교대에 14살 여자 일공도 있었다. 학교에 가지 못하고 지적 장애로 장사를 할 수 없는 어머니를 대신하여 일을 했던 아이다. 월말에 일공들에게 노임을 줄 때 그 소녀가 나에게 말했다.

"야간비 안 주나요?"

당돌한 질문에 나는 놀랐다. 노임에 야간 수당을 별도로 계산해서 달라는 말이었다. 20대 일공들도 아무 말 없이 노임을 받는데 미성년 여자애가 노동자의 권리를 요구하고 있었다. 일공이 나서서 고용주에게 노임과 대우에 대해 요구하는 사례는 당시 극히 드물었다. 며칠 후 나는 그 일공을 해고했다. 당시 일자리를 찾는 사람은 너무 많았고 고용주로서는 누구라도 쉽게 대체할 수 있는 상황이었다. 내게는 야간비까지 주면서 어린 여자아이를 고용할 이유가 없었던 것이다.

훨씬 뒷날, 한국에 정착하고 노동자의 권리를 보호하기 위해 기업마다 운영되는 노동조합과 자본가의 착취 구조를 이해하게 되고서야 그때의 잘못을 뼈저리게 제감했다. 약상사로 자유 시장경제를 처음 배우고 이제 막 빵 장사로 노동시장과 경영 원리를 깨쳤다고 여겼으나 중요한 것은 배우지 못한 채였다. 14살 여자애가 당

당하게 드러낸 권리의식의 싹을 잘라버렸다는 사실이 아픈 교훈으로 남았다. 통일이 되면 그에게 진심으로 사과하련다.

열 명의 여자가
전국으로 빵을 보내는 세상

2000년대 평남도 순천에서 벌어진 빵 생산 기지 간 시장 경쟁은 그야말로 포성만 없을 뿐인 고객 쟁탈 전쟁이었다. 빵 생산 기지가 돈을 많이 번다는 소문이 퍼지면서 서너 곳에 불과하던 빵 사업장이 열 곳 이상으로 늘어났다. 나를 포함해 순천의 여성들이 만든 빵이 도매상인들의 손발을 타고 자전거, 기차, 화물차에 실려 전국으로 유통되던 시기였다. 도매상인 중에는 제대군인 청년 대학생도 있었다.

다만 생산처가 증가하자 시장 경쟁이 첨예해졌다. 한 명의 고객도 뺏기지 않으려고 말초신경까지 곤두세운 채 밤을 지새워야 했다. 기술을 고안하면, 그것을 지키기 위한 날카로운 신경전이 이어졌다. 고객 숫자와 기술 혁신이 곧 상품 가격에 반영되어 시장 판로를 결정짓는, 하루하루 숨 가쁜 고지 탈환 전쟁이었다.

친동기간에도 예외가 아니었다. 중국에서 기술을 배워 온 나와 그사이 재일 동포에게 카스테라 만드는 기술을 배운 여동생은 각자 빵을 생산했는데, 손재주가 뛰어난 여동생은 나에게 부족한 창의성을 갖고 있었다. 며칠 동안 나에게 빵을 사 가던 단골이 오지 않아 궁금하던 차에 우연히 여동생이 운영하는 빵 생산 현장에 들렀다. 그런데 그 단골이 거기 앉아 있는 게 아닌가. 뻘쭘한 얼굴로 나를 향해 인사하는 그를 보자 솔직히 불쾌한 감정이 일었다. 빵 사업자들이 번차례로 뒤통수를 치는 처지에 동생에게 고객을 뺏긴 감정은 다른 업자에게 뺏긴 것과 차원이 달랐다. 여동생을 탓한다고 해결되는 문제도 아니었다. 품질이 좋은 상품을 선택하는 건 고객의 권리였다. 그러나 그 순간 왜 동족 간 전쟁이나 종교전쟁이 떠올랐는지 알 수 없다. 그만큼 있어서는 안 될 일이 일어났다는 감각이었다. 두려운 시절을 우리는 치열하게 뚫고 나갔다.

빵의 품질을 개선하기 위해 가능한 방법을 시도해

보았다. 빵 겉면이 더 먹음직스럽게 보이도록 틀로 찍어낸 반죽을 오븐에 넣기 전에 붓으로 계란물을 듬뿍 발라보았다. 하지만 그 효과는 잠시뿐이고 하루가 지나면 빵 겉면이 푸석해졌다. 이미 여동생은 자신만의 기술을 완성한 상태였다. 빵 반죽의 성질과 발효 과정이 빵의 색깔과 신선도에 어떻게 영향을 주고 맛을 결정하는지 세세히 메모해두고 무엇이 문제인지 알아낸 것이었다. 일반적으로 국산 소다와 중국산 원료를 반죽에 넣고 7시간 이상 발효시키는 것이 상식이었지만 여동생은 사과를 갈아 만든 효모로 발효시켜 독특한 맛과 색을 내는 데 성공했다.

    소비자는 기가 막힐 정도로 더 나은 맛을 알아내고 천연 발효 빵만 찾았다. 그러니 고객이 알아서 찾아오는 것이었다. 결국 나는 여동생에게 빵 발효 기술을 배우기로 하였다. 당시 개인에게 빵을 만드는 기술, 맥주 발효 기술을 배우려면 최소 10만 원은 지불해야 했는데 그 비용은 공장 노동자가 4년은 일해야 받을 수 있는 급여 가치였다. 그러나 동생은 내게 무료로 기술을 알려주었다. 암투가 있다면 도움도 있었다. 그렇기에 장마당에서 여성들은 함께 살아갈 수 있었을 것이다.

이리하여 순천에는 자매 생산지에서 나오는 빵이 시장에서 경쟁력을 갖추게 되었다. 상자마다 직경 20센티미터의 고급빵이 130~135개 포장된다. 평성시장 입구에 그 상자들을 쌓아놓으면, 상자가 내려지자마자 대기하고 있던 도매상인들이 통째로 받아 갔다.

어느 날, 20대 중반쯤으로 보이는 여성이 찾아왔다.

"여기서 일할 수 있을까요?"

낯선 얼굴이었다.

"어디서 왔어요?"

그는 의대를 졸업하고 시 병원 의사로 일하다가 살기가 어려워 장사에 나섰다고 했다. 나는 대학에 못 간 것이 한으로 남아 대학을 졸업한 여성을 편애하는 성향이 있었다. 야간 교대 일공도 필요했던 상황이라 그 자리에서 채용했다. 젊은 여성이라 일머리가 있어 보였다. 이틀간의 무보수 견습 이후 임금이 지불되는 일공으로 받았다.

교대를 바꾸거나 퇴근할 때 일공들은 연탄불을 갈고 작업장을 깨끗이 정리한 뒤 퇴근한다. 그런데 새로 온 일공은 내 집 청소까지 도맡아 해주는 열성을 보였다. 심지어 옷까지 세탁해주었다. 지식인 여성이 말없이 나를 돕는 모습이 마음에 들었다.

빵 반죽은 기술적인 공정이라 반드시 내가 해야 했지만, 너무 바쁠 때는 점차 그에게 반죽을 맡기기도 했다. 기밀 기술인 배합은 내가 하고 설탕물을 끓여 반죽하는 공정만 넘겼다. 그런데 한 공간에서 함께 일하다 보니 그 일공은 자연스럽게 내가 하는 배합 비율과 반죽에 사용되는 설탕물의 농도 등을 파악하게 되었다.

두 달 후, 그는 사정이 있다며 더 이상 일을 못 하겠다고 했다.

"그렇게 해요."

나는 아무 의심 없이 노임을 계산해주었다.

일주일 후 뜻밖에 그가 다른 빵 생산 기지에서 일하고 있다는 사실을 알았다. 그때 깨달았다. 그의 목적은 기술을 염탐하는 것이었다. 빵 생산 기지를 새로 창업한 이가 기술을 알아오면 일반 일공보다 두 배의 노임을 주겠다는 제의를 했다고 한다. 말하자면 산업 스파이였다.

그리하여 그 업주는 염탐한 기술로 내가 생산하는 빵과 똑같은 빵을 만들어 시장에 넘겼다. 머리가 뜨겁게 끓어오를 정도로 화가 치밀었다. 멱살이라도 잡고 한바

탕 싸우고 싶었다. 실제 이런 일로 주먹이 오가는 일은 빈번하게 일어났다. 시장이 발달한 도시일수록 인간성과 윤리가 무너지는 것 역시 모두가 경험하는 현실이었다.

또다시 제품을 차별화해야 했다. 빵 표면에 찍던 해바라기 도장 대신 종달새 모양의 도장을 주문했다. 빵 모양을 바꿔 팔았더니 한 달도 채 되지 않아 그 종달새 모양이 그대로 모방되어 유통되었다.

마침내 참을 수 없이 화가 난 건 그 이후였다. 상품 경쟁에서 밀리자 가격을 낮추어 빵을 대량으로 유통하는 업자가 나타났다. 알아보니 그들은 값싼 밀가루와 폐유를 사용하고 있었다. 당시 중국에서 수입된 폐유는 중국 식품공장에서 한 번 사용하고 버려야 하는 식용유로, 일반 식용유보다 20퍼센트 저렴했다.

부당한 경쟁으로 인간관계가 날로 무너지는 나날이었다. 정부에서는 어떤 조치도 없었다. 오히려 개인이 운영하는 빵 공장을 통제하기 시작했다. 그리고 2010년대에 들어서면서 평양 곳곳에 현대적인 설비와 인프라를 갖춘 식품공장들이 중앙 산업으로 신설되자 지방에 자리한 개인 생산 기지들은 시장에서 밀려났다. 대기업에 의한 영세기업의 몰락이 북한에도 찾아온 것이었다.

로동당보다 장마당

"앉아서 꿔주고 서서 받는다."

"돈 꾸는 사람은 노력 영웅이고 돈 꿔준 사람은 일등 머저리다."

이 말은 북한 시장화가 발달하며 유행하던 신조어다. 베푸는 마음으로 꿔준 사람이 돈을 돌려받기 위해 오히려 쩔쩔매던 현실을 반영한다. 일단 남름 꿔다 쓰는 쪽이 승자인 것이다.

시장경제가 발달하면 자금을 대출하는 금융 정책이 선행돼야 하나 북한은 이자를 목적으로 자금을 대출하는 행위가 자본주의 계급 착취의 온상이라며 기업과 기업 간, 개인과 개인 간 이자 거래를 통제했다. 그러나 국가가 국영 기업들에 자재를 공급하지 못하고 자력갱생으로 생산계획을 수행하도록 하면서 기업들은 돈을 축적한 개인에게서 자금을 대출해야 했다. 사금융 시장이 발달하게 된 배경이다. 사금융 시장은 제도권 밖에 존재하기 때문에 불안정을 동반한다. 이와 같은 현실은 북한의 유머집에도 나타나 있다.

경제학 교사	학생 동무, 채권자와 채무자의 차이에 대하여 말해보시오.
학생	채권자는 기억력이 매우 좋은 반면에 채무자는 기억력이 매우 나쁩니다.

돈 꿔준 사람은 일등 머저리라는 비유를 공식적으로 희화한 것이다.

내가 인민학교(초등학교) 2학년 그러니까 1970년대 말 국어 시간에 '콩 한 말'이라는 제목의 수업이 있었다. 내용은 이러했다. 어느 한 마을에 어린 달래가 살았다. 햇곡식도 나지 않았는데 달래 집에는 쌀이 떨어졌다. 달래 아버지는 지주에게 찾아가 콩 한 말을 꿔온다. 가을이 되자 지주는 달래 집에서 농사지은 곡식을 콩 한 말 장리로 뺏는다. 그 다음 해 콩 한 말은 이자에 이자가 붙어 여덟 말이 된다. 지주는 콩 한 말 빚 대신 어린 달래를 머슴으로 데려간다. 이에 분노한 달래 아버지가 지주를 때리면서 감옥에 가게 되는 이야기다. 수업을 듣는 내내 어린 학생들은 달래 아버지가 불쌍하여 눈물을 흘렸다. 지주·자본가 계급을 부정적으로 각인하는 공교육이었다.

나는 이후 수십 년이 지나서야 달래의 이야기를 계약과 신용의 관점으로 이해하게 되었는데, 계기는 당 간부의 딸을 통해서였다. 내가 살던 동네에는 30대 초반의 철근 장사꾼이 있었다. 부동산 시장이 성수기를 맞으면서 철근 수요가 급증하자 철근을 제조해 시장에 공급하는 개인이 늘어났고, 그는 그중 한 사람이었다. 그는 국영 공장에 장사 수익금의 일부를 내고 장사 활동을 공식적으로 인정받은 '8·3 노동자'였다.

도로 옆에 위치한 그의 살림집은 사실상 파철 수매소나 마찬가지였다. 어른이든 아이든 피철을 가져오면 그 자리에서 현금을 주고 사들였다. 그 역할은 주로 그의 아내가 맡았지만, 아내가 임신한 이후에는 일공을 고용했다. 이렇게 수매한 파철은 공장 용광로에서 녹여 철근으로 연신하였고 용광로나 연신 설비는 공장 간부와의 연계를 통해 유료로 임대받았다.

철근 장사꾼과 연계된 간부는 강철공장 당 간부였다. 이 간부는 장사에 대한 수완이 뛰어나 무역회사나 제강소 간부들과 긴밀한 인맥을 유지하고 있었다. 그는 무역회사나 국영 공장에서 철판을 넘겨받아 철근 장사꾼에게 중개하는 역할을 했다.

당 간부는 장사꾼에게 철판 비용을 선불로 요구하였다. 이렇게 장사가 잘되던 중에 일이 틀어졌다. 수개월 지나도록 철판을 받지 못한 장사꾼은 당 간부에게 선불한 돈을 돌려달라고 하였고, 당 간부는 기다리라고 하였다. 누가 그 돈을 날것으로 먹었는지 알 수 없었다. 젊은 장사꾼은 분노했으나 정면으로 맞서지 않았다. 우선 당 간부와의 연결 고리부터 끊기로 했다. 강철공장에서 설비를 임대해 철근을 연신하던 관계를 해제하고 다른 공장과 계약을 체결했다. 그리고 당 간부의 딸을 일공으로 고용할 계획을 세웠다.

어느 날 저녁 철근 장사꾼은 당 간부의 집으로 향했다. 중학교를 졸업한 그의 딸과는 안면이 있었기에 의향을 묻는 것은 어려운 일이 아니었다. 장사꾼이 당 간부 딸에게 넌지시 말했다.

"돈 버는 방법 배우고 싶지 않니?"

"돈 버는 방법이요?"

간부 딸은 고난의 행군 시기 여덟 살이었는데 그때부터 장사 체질을 보였다. 식량 배급이 갑자기 끊기자 장마당에서 볼펜 100개를 사서 외할머니 살고 있는 농촌으로 가져갔다. 당시 농촌에는 도시에 비해 옥수수를 갖고 있는 농민들이 많았다. 어린 그는 농민들의 살림집을 돌면서 볼펜 하나당 옥수수 500그램을 받았다. 원가를 제외하고 40킬로그램의 옥수수 식량을 벌어 온 셈이다. 그의 아버지가 자랑삼아 말해주어 장사꾼도 그 사실을 알고 있었다.

"내가 하는 일 도와주면 되거든."

그때 당 간부가 퇴근해 들어왔다.

"기다리라고 했잖아."

언제 봐도 간부다운 배짱이었다. 장사꾼은 당 간부 체면도 있고, 그의 아내가 보고 있는 터라 아무 말도 하지 않았다. 푸념하듯 중얼거릴 뿐.

"요즘은 일공에게 줄 돈도 없어 임신한 여편네가

일공 대신 일하는데, 얼마라도 줘야 할 게 아니에요?"

침묵이 흐르자, 장사꾼은 힐끗 딸을 보았다. 화분에서 누렇게 뜬 잎을 떼어내던 그가 마침 장사꾼을 바라보았다. 두 눈이 마주쳤다. 당황한 것은 장사꾼이었다. 딸의 눈빛은 마치 의사가 환자에게 솔직하게 말하라고 채근하는 것 같았다고 한다. 장사꾼의 속내를 꿰뚫어 보는 표정이었다.

"내 일을 얼마 동안 도와주지 않겠니?"

장사꾼이 말했다.

"이게 어디서 수작질이야!"

당 간부의 노성이 터져 나왔다. 장사꾼이 당 간부 딸을 아버지의 빚값에 부리겠다는 속내가 아닌가. 공화국 역사에 이런 일은 없었고 앞으로도 없을 것이었다.

"말 같지 않은 소리 한 번 더 했다간,"

간부가 한 대 칠 것 같은 분위기가 되었을 때 딸의 대답이 울렸다.

"도와줄게요."

당돌한 목소리였다.

"7개월만요."

"7개월?"

"네, 7개월이요."

장사꾼은 의아한 표정을 지었다. '왜 7개월일까?' 의문이 스친 순간 얼추 계산해보니, 당 간부가 자기에게 돌려줘야 할 원금과 이자를 계산한 모양이었다.

"내 말 맞지 않나요?"

이제 중학교를 졸업한 여자애의 말이었다. 언제 이런 계산을 했을까? 당시 장사꾼은 온몸에 닭살이 돋았다고 한다. 간부인 부친도 놀란 표정이었다. 당 간부 집에서 큰 장사꾼이 성장하고 있다니 기뻐해야 할지 아니면 걱정해야 할지 혼란스러웠다. 그리고 아버지로서의 죄의식이 들었다. 그 죄의식은 장사꾼에 대한 분노로 변해 큰소리가 오갔고 시끄러워지자 동네 사람들이 수군거렸다. 노인들은 당 간부를 두둔하고 뭉게뭉게 둘러선 사람들이 상황에 대해 한마디씩 했다.

"당 비서 집에서 큰소리를……"

"지금은 돈이 다인 거 몰라요?"

그러나 사람들을 헤치고 장사꾼보다 앞서 걷는 열일곱 여자아이의 속내는 아무도 몰랐다. 발그레한 뺨을 하고 당당히 나서는 젊은이는 일공으로 고용되어 철근 시장 생태를 몸으로 배운 후, 철근 시장을 움직이는 업주가 되겠다는 야심 찬 계획으로 자신감이 가득했다. 기성세대는 짐작하지 못할 것이었다. 그는 이미 장마당 경제관념으로 자신만의 미래를 설계하고 있었다. 달래를 가엾어하며 악독한 지주를 손가락질하던 세대는 이제 저물고 있는 것이다.

반면 그렇게 나아가는 여자아이 뒤로 어리둥절한 수많은 사람, 사회와 제도가 그 선에 머물고 있었다. 이미 시장화 흐름을 돌이킬 수 없게 되었음에도 여전히 '돈 꾼 놈이 영웅'이라 웃으면서. 하지만 젊은 세대는 이렇게 말한다.

"로동당보다 장마당이 세다."

6부

스칼렛 오하라와 장마당 여성들

남편이라는
신

 로동당보다 세다는 장마당을 중심으로 세상이 개벽하는 동안 변하지 않은 것은 또 있다. 바로 장마당 여성들의 남편들이다. 공급이 무너진 지 십수 년이 지나고도 여전히 국영 공장의 노동에 묶인 남자들은 더 이상 가족의 생계를 책임지는 역할을 하지 못한 지 오래였다. 그러나 배급이 사라져도 수령이 건재하다면 가정 내 수령인 남편의 위(位) 또한 그렇다. 당이 아닌 장마당 여자들의 힘으로 먹고사는 현실과 무관하게 남자는 집안의 신으로 남았다. 그리고 장마당 혁명의 주역 중 하나인 나 역시 내 집의 신에게 충성하는 여자로 남아 있었다.

 나는 정말로 충성하였다. 가정의 위는 남편의 위이

며 남편의 위가 아내의 위라는 철학을 실행하며 살았다. 남편에게 아낌없이 투자했다. 거리를 걷다가도 좋은 옷을 입은 남자가 지나가면, 기억해두었다가 그 옷을 반드시 사들여 남편에게 입혀 내세웠다. 신경을 쪼개가며 지킨 사업과 그렇게 번 돈을 한 푼도 내게 투자하지 않고 남편을 모시는 데 썼다. 그것이 내 자부심이었다. 보통 사람들이 평생 한 번 맛볼 일이 있을까 하는 토끼곰(보양식)을 매달 남편에게 차려 바쳤다. 그로써 내 위신이 올라간다는 믿음은 오래도록 흔들림이 없었다.

남편이 근무하는 학교에도 투자했다. 북한에는 지역 고등학교마다 취주악 소조가 운영되고 있다. 학생들에게 관악기를 가르치는 교육기관인데, 국가에서 악기를 공급하지 못하니 개인이 그 공백을 메우게 되면서 교권이 점점 상실되고 있었다. 예를 들어 학교에 나팔이 없다 보니 음악 교사들이 악기 장사에 나서곤 한다. 교사와 제자 간 나팔 거래가 불가피하다는 말이다.

이러한 현상은 교사에 대한 학생의 존경을 사라지게 했다. 아예 시장에서 나팔을 사 가시고 교사를 찾아오는 학모부도 있다. 이 경우 학모부는 "우리 아들에게 이 나팔을 배워주시오" 하고 훈시에 가까운 말을 한다.

교사의 월급이 쌀 1킬로도 살 수 없는 가치이다 보니 교사로서는 나팔을 자비로 사 가지고 오는 제자를 선택하지 않으면 사비를 얻을 데가 없는 형편이다. 교권이 장마당에 휘둘리는 셈이었다.

한번은 남편이 태양절 정치행사 반주 지휘를 맡게 되었는데, 행사가 끝난 후 취주악단 제자들과 사진을 찍었다. 며칠 후 그 사진을 들고 한 학생 어머니가 집으로 왔다. 자기 아들이 집체 사진에서 왜 윗줄 끝으로 밀려 있냐는 것이었다. 자기는 장마당에서 나팔을 구입하여 학교에 바치고(자기 아들이 배우는 나팔인데 말이다) 명절마다 교사에게 인사차림(뇌물) 했다며, 교사 옆에 앉아 있는 학생을 가리키며 이 학생 모부보다 못 해준 게 뭐냐고 짜증을 냈다. 이 일을 목격하며 정말 화가 났다. 누구도 남편을 내리 보지 못하도록 나팔 세트를 시장에서 사들여 학교 취주악단에 기부하였다. 남편을 세워 내 자존심을 지키려는 세월이었다.

그러한 세월에 어찌 허무함이 찾아들지 않을 수 있을까.

여자의 종속은
숙명이 아니다

'나는 지금 행복한가?'

결혼 10년 차, 나는 자신에게 물었다. 나름대로 돈은 벌 만큼 벌어 사는 데는 크게 문제없었다. 가정불화도 없었다. 남편은 인성이 착한 남자였다. 그럼에도 내 가슴은 공허했다.

어느 날, 마당에 묶어 기르던 개가 이빨로 목줄을 끊고 밖으로 뛰쳐나갔다. 셰퍼드 종이라 일반 개보다 크고 사나웠다. 개도 사람들로 붐비는 장마당이 좋았던 시 상마낭 입구에서 어슬렁대는 것을, 자전거 팔던 젊은 남성이 자기 집 뒤뜰에 가둬놓은 것이다. 군견처럼 덩치 큰 개였지만 목줄이 달려 있어 끌고 가기는 쉬웠을 것이다.

　내가 개를 찾아 장마당 입구에 도착했을 때 떡을 팔던 아줌마가 조용히 귓속말로 알려주었다. 저기 자전거 세워놓고 서 있는 남자가 제 집으로 개를 끌고 갔다고. 그 말을 듣고 그에게 다가서자, 그 남자는 모른다고 잡아뗐다. 그러다 이내 안 되겠다 싶었는지, 담배 한 갑을 사주면 개를 돌려주겠다고 오히려 큰소리쳤다.

　나는 장마당에 들어가 고급 여과 담배 한 갑을 사서 그에게 건넸다. 그러자 그는 자기 집 뒤뜰로 들어갈 수 있도록 문을 열어주었다. 뒤뜰에 들어서자 낯선 남자의 손에 끌려오느라 겁을 먹었는지 개가 바닥에 늘어진 채 일어서지 못했다. 그 모습을 보는 순간 잃어버렸던 자식을 다시 찾은 것처럼 뭉클했다. 내 키만큼 큰 아이를 두 팔로 안고 집으로 돌아오는 내내 개는 몸을 온전히 주인에게 맡긴 채 가만히 있었다.

　'오죽 답답했으면 목줄을 끊고 나갔을까.'

　그날 이후 나는 대문을 걸고 마당 안에서 개가 마음껏 뛰어놀 수 있도록 목줄을 풀어주었다. 껑충껑충 앞발을 높이 들고 꼬리를 흔드는 개를 쓸어주는데, 개의 등을 쓰는 내 손이 내 마음을 다독이고 있는 것을 알

앉다. 울타리에 갇힌 개에게서 가정에 묶인 여자로서의 내 처지를 보고 있었던 것이다. 그 비교에 스스로도 어이없어 혼자 웃다가 남편에게 물었다.

"여자는 왜 남자의 신발과 양말을 손으로 빨아서 바쳐야 할까요? 이 역할은 누가 정한 걸까요?"

기가 막혔는지 남편이 말했다.

"넌 과부로 살 팔자야."

단호한 말투였다. 이러한 성 역할이 주어진 배경을 논의하고 싶었는데, 남편은 질문 자체가 거슬렸던 모양이다. 사실 내가 이상한 게 맞았다. 길 가던 사람을 세워 놓고 물어도 '정신 나간 여자'로 치부될 게 뻔했다.

가장은 남편. 아내와 자식이 먹고 입고 쓰는 것이 남편을 통하여 공급되는 제도에서 아내는 밥하고 빨래하고 남편에게 봉사하는 역할이 혁명의 한쪽 수레바퀴로 강조되었으니까. 남편의 얼굴에 그늘이 드리우고 다림질이 되지 않은 바지를 입으면 '에미네 잘못 만나 주제비 턴다(여편네 잘못 만나 모양 빠지게 산다)'고 아내를 욕하는 것도 이 때문이다. 남편에 대한 아내의 봉사들 모두가 평가했다. 그리하여 아내는 쭈그리고 앉아 남편의 옷이든 양말이든 정성껏 빨아 입혀 내세워야 여자의 책임을 다하는 것인데, 여기에 의문을 던지니 과부 팔자로 몰리는 것이다.

그러나 시작된 의문은 빠르게 부풀어갈 뿐이었다. 십수 년간 남편에게 바친 그 많은 것 중 한 가지라도 내 것으로 삼은 적이 없었다. 매달 끓인 토끼곰을 정작 나는 한 입도 먹은 적이 없었다. 돈이 부족해서가 아니었다. 내 것일 수 있다는 생각 자체에 미치지 못했고 남편도 마찬가지였으리라. 귀한 보양식은 남자의 것이다.

그러던 어느 날, 타지에 시집을 갔다가 본가로 돌아온 중학교 동창생 순영을 만났다. 그의 초청으로 다음 날 그의 집으로 갔다. 정양소 주변에 자리한 그의 집은 옥수수밭 가운데 자리한 단층 살림집이었다. 대문이 열려 있어 마당에 들어서니 부엌에서 누군가 채소를 다듬는다. 젊은 남자였다. 순영의 남편은 경보부대(특수부대) 출신이다. 경보부대 출신은 제대되면 즉시 국가적으로 공산당학교에서 공부를 시켜 당 간부에 등용한다. 순영의 남편도 간부라고 들었다.

"어디서 왔어요?"

우두커니 서 있는 나를 보면서 그 남자가 물었다.

"순영이 동무예요."

"아, 들었어요. 강이 엄마 동창생이죠? 금방 올 거예요."

순영의 아들이 강이였다. 그렇다면 순영의 남편? 밤 고양이처럼 나의 눈동자가 커졌다. 살면서 부엌일을 하는 남자는 처음 보았다.

"여자 일도 해주나요?"

내가 물었다. 실례되는 질문이었다. 남자가 여자 일을 해주냐고 묻는 것은 '남자가 좀 모자라지 않아요?' 묻는 것이나 다름없었으니까. 살짝 후회되었으나 쏟아낸 말이었다. 담을 수도 없으니 무슨 말이 나올지 기다리는 수밖에.

고개를 돌려 힐끗 나를 본 그가 펌프 수도 손잡이를 오르고 내리며 물을 퍼 올렸다. 양동이에 지하수가 가득 차올랐다. 이내 그의 손이 양동이 손잡이를 씽하고 들더니 물탱크로 간다. 부엌 아궁이 한옆에 네모난 물탱크 입구가 보였다. 그 입구를 조준해 양동이를 기울이자 촤악, 쏟아지는 물소리가 들렸다. 마치 나에게 쏟아내는 말 같았다. 그렇게 누 번 더, 물을 쏟고 나서 툭 던진 한마디.

"그래서 부부잖아요."

"그래서 부부라고요?"

잠시도 참지 못하고 되물었다. 그러자 그의 눈빛에 당황스러움이 언뜻 스쳤으나 이내 초연해졌다.

"여자들이 장사해 벌어먹는 세상인데, 남편이 집안일을 도와줘야죠."

흔연한 말투였다. 내게는 사막에서 발견한 샘물처럼 신선했다.

"왔구나, 들어가자."

장마당에서 오는 순영이 나를 보며 반겨 맞았다.

"강이 아버지가 밥해놓았을 거야. 들어가 먹자."

그는 밥하는 남편이 당연한 듯 말했다. 종일 햇빛에 그슬린 얼굴이나 그의 표정은 무척 밝았다. 천장이 낮은 조그마한 방에 낮은 밥상이 놓였고, 이어 부엌에서 음식이 들어왔다. 밥상 음식은 소박했다. 잡곡밥에 감자 국, 밭에서 따온 오이를 무쳤는데 조미료가 없었는지 소금에 절여 파를 조금 넣고 무친 요리였다. 젓갈에 밀가루를 버무려 섞어 찐 반찬도 있었다. 짭짤한 반찬을 부부가 서로서로 밥그릇에 건네주며 너무 달게 먹었다.

새로운 부부의 세계를 보았다. 풀떼기를 건네주며

웃고 있는 그들이 불고기를 먹으며 서먹한 부부보다 행복하게 웃는다. 이때 처음 보았다. 남자 할 일 여자 할 일 차별 두지 않고 서로를 아껴주고 보듬는 부부 사랑을. 이들은 가난한 삶 속에서 이미 낡은 성 위계를 허물고 있었다.

밥하는 남자가 드물었던 북한에서, 결혼 생활 만족이 유난히 높았던 순영의 심리가 이해되었다. 가사를 돌보는 자신의 남편이 보기 드문 남자임을 그는 잘 알고 있었던 것이다. 짬만 나면 남편을 자랑하던 순영은 비 오는 날 장사하고 늦게 귀가하다 시궁창에 빠진 적이 있었다고 말했다. 더러워진 신발을 그대로 벗어두고 잠들었는데, 다음 날 아침 눈을 떠보니 깨끗이 세탁된 자신의 신발이 부뚜막에 말끔히 말라 있었다고 했다. 남편이 정성껏 빨아둔 것이었다.

아내의 양말과 신발을 세탁하는 남자가 있다. 내 가슴에 맺혀 있던 허무함이 무엇인지 더는 모르는 체할 수 없었다. 부부란 지배하고 복종하는 관계가 아니었다. 아내다시 남편에게 헌신해야 한다면 그깃은 분명 예속이었다. 아내의 종속은 숙명이 아니었다. 풀어야 할 숙제였다.

썩어빠진
생각들

수개월간 막혔던 석탄 수출이 재개되었다. 중국 시장으로 석탄을 수출하는 길이 열리자 탄광업주는 물론 물류 중개업자와 식당 운영자들까지 환호성을 질렀다. 수익으로 얽힌 피라미드가 다시 숨을 쉬었다.

나는 2005년부터 군 총정치국 석탄 수출 기지 자재 지도원으로 일하고 있었다. 이 직책은 빵 생산 기지를 운영할 때 여맹* 생활을 기피하기 위해 군부 회사에 적을 두었다가 실제 직책으로 전환된 것이다. 자재 지도원은 군부 기지에서 생산되는 석탄의 일부를 내수 시

---

* 가정주부들의 정치 조직

장에 판매하는 역할을 맡고 있다. 내수 시장에 판매되는 석탄은 민수용 석탄이라고 불린다. 민수용 석탄을 판매한 자금은 수출 기지에서 일하는 노동자들의 식량, 의류 그리고 탄광 설비 마련 등에 사용된다.

석탄 수출이 재개되면서 개인 탄광에서 생산된 석탄이 내수에서 수출로 집중되었다. 이로 인해 나의 공식 업무이자 장사인 석탄 판매 수익이 크게 증가했다. 민수용 석탄으로 유통되던 물량이 대폭 줄어들면서 판매 가격이 상승했기 때문이다. 톤당 수만 원 오를 때도 있었다. 20톤 트럭에 석탄을 싣고 곡창지대로 이동하면 가격은 더 올랐다. 가격은 운송 거리에 비례하기 때문이다.

10월 어느 날, 그날도 석탄을 판매한 현금이 가득 담긴 가방을 메고 집으로 돌아왔다. 남편이 좋아하는 오리고기를 사 들고 기쁜 마음으로 집에 들어서니 밤 9시였다. 배터리를 연결해 조명을 켰더니 씻지 못한 아들이 옷을 입은 채 자고 있었고 남편도 소파에서 잠들어 있었다.

아궁이 뚜껑을 열어보니 하얗게 죽어가는 연탄불이 있었다. 장작을 몇 개 넣고 연탄을 갈아주면 될 것 같앉다. 절굿공이(나의 집에는 도끼가 없었다)로 판자를 내리쳐 아궁이에 넣으니 매연이 차올랐다. 젖은 나무 때문인지 눈이 시리고 숨이 막혀 마당으로 나왔다. 밤하늘의 별들을 멍하니 바라보다 부엌으로 들어가니 연탄불이 숯불에 빨갛게 달아올랐다.

밤 11시가 넘고 있었다. 무슨 이유에서인지 슬며시 반감이 올라왔다. 순영의 남편을 보지 않았더라면 이러한 감정도 없었을까. 깨버려야 할 것은 깨버려야 한다는 생각이 들었다.

"내가 늦게 들어오면 밥도 하고 좀 그래줄 수 있지 않나요."

감정을 꾹꾹 눌러 조용히 말했다. 그러나 예민한 음악 교사인 남편은 아내의 말투를 눈치챘을 것이다. 아주 무거운 침묵이 흘렀다. 하지 않던 말을 내뱉는 아내가 낯설었을 것이었다.

"내 동무 남편은 공장 간부인데도 밥도 해주고 물 길어주고……."

충격을 받은 듯 남편의 표정이 굳어졌다. 다른 남자를 들먹이며 말하니 자존심이 상했던 것 같다. 그로부터 한 달 후, 집 청소를 하다 남편의 일기장을 우연히 보았다.

"나의 아내 머리칼이 자본주의 바람에 휘날리고 있다."

남편의 괴로움을 처음으로 알았다. 수령 중심 사회주의를 신봉하는 남편이 바라보는 아내의 모습은 정상적인 여성이 아니었다. 장마당을 활보하는 아내, 가정의 성 분업을 재조정하려는 아내의 주장이 남편에게는 썩어빠진 '자본주의 바람'이었다.

이후로 남편의 심기를 건드리지 말자고 마음먹었다. 동네는 물론 어디에나 남편의 제자와 학모부가 있었으니 자칫 교권에 영향을 주지 않도록 표정과 말투까지 관리했다. 애쓰다 보니 우리 부부는 동네에서 드문 잉꼬부부로 인식되었다. 한 번도 싸우지 않은 부부였으나, 그럴수록 서로가 투명 인간으로 변해가고 있었다. 규범 안에 갇혀 있는 남편과 일탈의 영역을 활보하는 아내는 물과 기름처럼 겉돌았다. 그러나 어찌하겠는가? 이는 구속을 박차려는 여성과 이를 막으려는 남성이 충돌하는 것이니, 칼로 물 베기 식으로 풀어버릴 수 있는 부부의 일이 아니었다.

스칼렛 오하라와
장마당 여성들

장마당 수업으로 배운 이치가 그러했듯, 경험으로 깨친 진실은 결코 묻어버릴 수 없는 것이다. 그럼에도 남편에 대한 아내의 공경을 의무화하는 로동당의 사상사업이 지속되니 깬 여자들에게 남편의 존재는 로동당의 상징으로, '적'으로 인식될 수밖에. 무엇을 성취하든 여자라는 이유로 원천적으로 눌려 있다면 남편은 나를 여자로 묶어두는 존재, 사회적으로 발전할 수 없게 하는 장벽인 것이다. 나의 동료들과 장마당 여성들이 떠올랐다. 이들도 분명 깨우친 현실로부터 말할 수 없는 깊은 상처가 번져 가슴속 한으로 자리했을 것이다.

그런 고민을 쌓아가던 중, 친구의 생일에 초대되었

다. 초대 측은 탄광을 운영하는 30대 후반의 여성 기지장이었다. 그는 나보다 두 살 위였고, 초대 손님들도 나와 비슷한 나이의 사업가들이었다. 사업가 여성들은 자기 생일이나 국제부녀절*이면 파티를 반드시 조직하곤 한다. 파티 장소에서 많은 정보가 교환되기 때문에 정치 행사보다 중요하게 여겨진다. 특히 이런 날은 남편이 눈치 있게 자리를 피해주어 해방에 목마른 여성들에게는 진정한 축제가 된다.

 그날 생일상에는 오리불고기와 낙지회 그리고 봉학맥주가 주메뉴로 올랐다. 여성들의 파티에 봉학맥주를 올리는 것은 드문 일이었다. 봉학맥주와 대동강맥주는 브랜드 맥주로 남성들 사이에서도 권력층만이 마실 수 있는 제품이었기 때문이다. 그러나 이제는 장마당 여성들의 파티 장소라면 마실 수 있었다.

 술 마시는 여성을 부패하고 타락한 존재라 손가락질하던 과거는 지나갔다. 이제 여성 사업가에게 주량은

---

* 국제 여성의 날. 북한 여성들에게 최고 명절이다. 요즘에는 "여성들이 유일하게 자유를 누리는 날"이라며 여자들끼리 모여 밤새 축제를 즐기기도 한다. 여자들이 놀러 나가기에 도둑이 이집 저집 털고 다녀 '도둑 많은 날'로도 통한다.

기본 자질이다.

"건배."

생일 주인공인 탄광 기지장이 잔을 높이 들었다. 단번에 비운 잔에 서로서로 맥주를 부어주고 마시며 내밀한 정보가 오가기 시작했다. 먼저 장마당 왕초를 일선에서 단속하는 비사회주의 그룹에 소속된 법관들의 가정과 아내의 성향이 양파 껍질 벗기듯 드러났다. 이어 중앙에서 파견하는 호위사령부의 비사검열[*]에는 무조건 '잠수 타는' 것이 묘수이며, 정치적 희생물이 되지 않으려면 최고지도자에게 충성자금을 미리 상납하여 명분을 확보하라는 명언들이 나왔다.

"지금은 돈을 버는 것보다 돈을 벌어도 없는 척하는 게 더 센스 있는 거야. 괜히 한 방 맞지 말고, 밖에서는 두 손 높이 들고 '장군님 만세!'를 불러야 해."

금속 장사로 성공한 여성의 말이었다. 그러자 미용원 원장이 말했다.

"'장군님 만세'라고 불러도 이 나라는 결국 돼지를

---

[*] 체제에 반하는 행위를 단속하는 것

키워서 잡아먹잖아.* 잡혀 먹히는 게 무서워서 아무것도 하지 않으면 꽃제비(노숙자) 신세가 되니, 법관 하나쯤 끼고 있는 것이 중요해."

장사 자체가 반체제적이니 이를 통제하는 사법 간부와 손을 잡아 보호를 받으라는 것이었다. 검찰과 안전부 등 사법 간부는 빠짐없이 남성이니 결국 권력자 남성을 보호막으로 두어야 한다는 의미다. 사법 간부들 또한 담배 한 갑 사면 사라지는 월급으로는 살아갈 수 없으니 정보비와 생활비를 제공하는 여성을 필요로 한다. 권력과 시장처럼 긴밀한 공생관계도 드물 것이다.

누군가 흥이 나서 노래를 불렀다. 김일성과 함께한 항일 참가자들의 아동단 시절을 묘사한 노래였는데, 기발하게 아동단을 장사꾼으로 개사해 불렀다.

> 목에다 두른 것은 붉은 돈가방, 등에다 짐을 지고서 돈 벌러 나간다
> 장하다 그의 이름 장사꾼 장사꾼 장사꾼, 세상

---

* 기업가와 공생하다가도 사기업이 일정 수준 이상 성장하면 사상을 명분으로 쳐낸다는 뜻

이 모두 다 칭찬한다 장사꾼 장사꾼

'붉은 넥타이'마저 붉은 돈가방으로 개사된 노래에 웃음이 터졌다.

"지금은 교도소 출소자라도 돈을 잘 벌어야 충성을 인정받아. 말로만 충성을 외치면 당이 알아준다고? 그런 사람은 아무것도 모르는 맹탕이야, 맹탕."

기지장의 말이었다. 그 말에는 뼈가 있었다. 그는 제대군인 남성을 탄광 갱장으로 고용했다. 갱장은 탄광 인력을 고용하여 석탄 생산을 책임지는 직책이다. 기지장이 놀란 점은 인력 고용과 배치를 통해 석탄 생산량을 올리는 그의 능력이었다. 솔직히 갱장을 채용할 때 교도소 출소자이자 비당원인 그의 '성분'으로 인해 고민을 했지만 채용은 잘한 결정이었다. 밖에서는 수령에게 무한한 충성을 다하면서도 집에서는 아내에게 대접만 바라는 남편과 완전히 대조를 이루었다고 했다.

그의 말을 들으니 미국 소설 『바람과 함께 사라지다』의 주인공 스칼렛 오하라가 떠올랐다. 내가 이 소설을 처음 읽은 것은 평성예술대학을 졸업한 후 예술단에서 극단 배우로 활약하던 동창생을 만났을 때였다. 김일성이 직접 쓰고 김정일이 혁명가극으로 각색했다는 『피바다』에서 을남의 어머니 역을 맡았던 동창생의 본가에 놀러 갔더니, 그의 어머니가 책 장사를 하고 있었다. 동창생 어머니의 남편은 1960년대 김일성종합대학 어문학부에서 공부하던 중 정치 사건에 연루되어 산골로 추방되었다. 몇 년 후, 해당 사건과는 관련이 없다는 해명이 나와 복귀한 곳이 순천제약공장이었다. 그리고 이곳에서 퇴직할 때까지 다양한 공연 작품을 썼다고 한다. 북한에서는 작가들이 폭넓은 지식을 습득할 수 있도록 '백부도서'라는 것이 배포되었는데, 이는 작가들만을 대상으로 100부가량만 출간되었다 하여 붙여진 이름이다. 당국이 특별 공급한 도서들은 고난의 행군 이후 장마당에서 상품으로 거래되었다. 동창생의 어머니도 남편의 서재를 밑천으로 하여 책을 빌려주며 돈을 벌고 있었는데, 그때 내가 빌려 본 소설이 『바람과 함께 사라지다』였다.

왕전지(충전용 중국 전지)를 켜놓고 밤을 새워 읽은 소설의 배경은 북한 사회와 너무도 비슷했디. 문명과 단절된 남부, 그곳에 불어오는 변화의 바람 속에 재건의 혼란을 겪는 도시, 모든 것을 잃고도 가족을 먹여 살리고자 땅을 지키는 강인한 여성 스칼렛 오하라. 그는 1990년대 경제난 이후 가족의 생계를 어깨에 짊어지고 장사에 나서면서 오뚜기처럼 쓰러지지 않는 북한 여성들과 닮아 있었다.

내가 한마디 던졌다.

"『바람과 함께 사라지다』 재미있더라. 스칼렛이 돈을 버느라고 방법을 가리지 않는 것도, 그가 사랑하는 애슐리와 그를 사랑하는 레트의 심리도 말이야."

현직 교사가 퉁명스레 물었다.

"스칼렛이 남자에게 인기 있더라. 그런데 우리 사회에서 남자가 여자를 두 명 상대한다는 말은 들었어도 여자가 남자를 두 명 상대한다는 말은 없지 않니?"

군부대의 외화벌이 회사에서 회계 일을 하는 점장이 마른 낙지를 찢어 먹다가 맞받았다.

"안 된다는 게 어디 있니? 남자는 두 여자를 가져도 되고 여자는 두 남자를 가지는 게 안 된다면 억울하잖아?"

깡마른 체격에 유다르게 키가 큰 목재 장사가 맞장구쳤다.

"여자들이 잠자리나 하려고 남자를 필요로 하는

건 아니야. 변화하는 남자를 마주하고 싶은 거지. 수령에게 충성하는 당원하고 살아봐. 10대 원칙밖에 몰라서 답답해지거든. 사업을 한다는 건 생땅을 뚫는 것과 같은데, 그 과정에서 서로 도와주고 밀어주는 남자라면 골짜(간부)든 하짜(노동자)든 손을 잡게 되어 있어."

탄광 기지장의 말이었다. 목재 장사가 말을 이었다.

"사업을 하면서 고마운 감정이 쌓이고 그러면서 가까워지는 건 자연스러운 일이잖아. 난 레트 같은 남자가 좋아."

40대 초반의 목재 장사 여성은 아버지가 같고 어머니가 다른 세 명의 자식을 키우고 있었다. 그의 남편은 바람둥이 남자였다. 즉 남편의 여자들이 낳은 아들만 세 명이다. 그래도 그는 이혼하지 않았다. 남편이 아내의 장사를 알아서 도와주는 조력자이기 때문이라 했다. "레트처럼 여자를 아는 남자"라며, 그는 남편을 자기 남자로 만들고 있다고 여겼다.

어찌 됐든 목재 장사는 만족하는 듯하였다. 이혼녀라는 딱지를 빈느니 남편의 외도를 수용하는 것이야 흔하디흔한 일이지만 장사를 도와주는 남자로서 남편의 필요를 인식하는 사고는 또 새로운 것이었다. 그가 사는 방식 역시 전통적 가족을 넘어서고 있었다.

그날 생일 파티는 밤새도록 이어졌다. 바람과 함께 사라지고 있는 사회주의 문화 속 최전선을 걷는 장마당 여성들이 잃음과 얻음의 교훈을 주고받는 귀한 자리였다. 모든 변화의 바람에도 권력은 끝내 남성의 것인 현실에서 장마당 여성들 사이에서만 이뤄질 수 있는, 진짜 잔치였다.

자전거에 위협받는
남성 권력

2006년경, 당시 최고지도자가 자전거를 타고 거리를 활보하는 여성들을 통제하도록 지시했다. 당국은 여성이 두 다리를 벌리고 자전거 페달을 밟으며 거리를 횡단하는 모습이 조선 여성의 고상한 품성이 아니라고 주장했다. 사회적으로 이혼 문제가 증가하자, 그 원인을 자전거를 타고 경제 활동을 벌이는 여성들에게서 찾으려 했던 것이다.

이는 억눌렸던 여자들의 불만을 폭발시키는 계기가 되있다. 징사는 이동을 수반한다. 철도 운행조차 마비된 상황에서 자전거는 없어서는 안 되는 이동 수단이었다. 당시 지역 안전부 안전원에게 직접 들은바, 북한 당국은 여성이 종일 자전거 안장에 앉아 페달을 돌리면 자궁에 굳은살이 생겨 남편과의 성관계에 흥미를 잃고 이로 인해 남편의 요구를 거부하여 부부 갈등을 발생시킨다고 보았다. 그것이 이혼을 부르는 요인이라는 것이다. 세상에 이보다 웃기는 정책이 있을까 싶었다.

남성 전유물로 여겨졌던 자전거가 여성들에게로 이동하면서 가부장제의 뿌리 깊은 관습을 흔들어놓은 것은 사실이다. 그리하여 자전거가 남성의 권위를 위협하는 것으로 인식되었을 것이다. 가부장제 사회에서 남성의 권위는 수령의 권위와도 연결된다. 결국 이동 수단인 자전거를 트집 잡아 자전거 타는 여성들의 사회경제적 자립을 억압하려는 시도였다.

실제로 1990년대 중반 이전만 해도 자전거는 오직 남자의 물건이었다. 식량배급제가 무너지면서 장마당이 생겨나자 도시 여성들이 자전거를 타기 시작했다. 내가 1995년 자전거를 타고 도로를 달릴 때 초등학생 남자애부터 성인 남성까지 놀리던 기억이 난다. 심지어 돌을 던지는 남자애도 있었다. 농촌을 제외한 전국의 여성이 자전거를 타고 장사하는 모습이 보편화되면서 사회적 인식이 크게 바뀐 것은 2000년대에 들어선 뒤의 일이다.

　　사람들은 달라졌다. 재산 1호로 부각된 자전거가 가정에 한 대밖에 없다면 누구의 차지일까? 설사 남편이 당 간부라 하여도 자전거 이용권은 아내에게 양보할 것이다. 아내가 자전거를 타고 장사를 해야 가족이 먹을 식량을 벌어 오니까. 남편의 당비도 아내의 장사로 벌어 오니까. 이제는 가정의 남편도 길거리 남자도 자전거는 여성이 타야 하는 것이라고 인정하고 있는데, 당국이 헛발질을 시작한 셈이다.

　　코웃음 칠 일이지만, 상황은 심각하였다. 도로 곳곳에 안전부 순찰대가 배치되어 자전거 타고 이동하는 여성들을 단속하기 시작했다. 여성들은 그들을 피하느라 새벽에 일찍 자전거를 타고 이동하면서 장사를 하였다. 당연한 결과로 안전부의 단속 시간이 새벽으로 앞당겨지고, 도로와 오솔길이 접점을 이루는 다리목까지 순찰대가 늘어섰다. 자전거 탄 여성이 단속 대상이 되자 특이한 직업군이 등장했다. 성인부터 미성년까지 남자들이 거리에 서 있다가 자전거를 타고 오는 여자가 보이면 이렇게 말했다.

　　"저기 다 자전거 단속 구간이에요. 내가 자전거를

끌어줄게요."

나도 자전거 끌어주기 부업에 나선 남자들에게 돈을 지불하고 자전거를 맡긴 적이 몇 번 있었다. 돈을 주고도 바싹 따라가지 못하면 그대로 자전거를 훔쳐 달아나는 이들도 있었다. 상황은 점점 불리해졌다. 여성들은 방법을 모색했다. 자전거를 타고 가다 안전원이나 순찰대에게 단속되면, 그 자리에서 담배 한 갑 뇌물로 바쳤다. 그러자 자전거 단속은 점차 뇌물 사냥으로 변질되었다. 사법기관의 자전거 단속은 벌금을 물리는 방식에서 벗어나 자전거를 회수해 더 큰 뇌물을 요구하는 수단이 되었다. 단속에 걸린 자전거는 무조건 회수되었는데, 이를 찾으려는 여성들은 상당한 뇌물을 바쳐야 했다. 이 자전거 단속은 여성과 남성의 대결이라 할 수 있었다. 자전거를 타고 이동하는 여성을 단속하고 통제하는 이들은 전부 남성이었다. 단속하는 존재와 단속당하는 존재 간 불신은 터지기 직전의 시한탄처럼 자리하였다.

긴장이 맴돌던 어느 날이었다. 순천에서 리수복화학공업대학을 지나 종합시장으로 들어가려면 대동강에 건설된 가리섬 다리를 건너야 한다. 이날 가리섬 다리 입구 양쪽에는 시 안전부 안전원과 순찰대가 서서 자전거를 타고 이동하는 여성들을 단속하고 있었다. 이들은 여성들의 자전거를 회수하여 공터에 세워놓았다. 회수한 자전거가 30대를 넘으면 트럭에 실어 안전부로 운송한다. 회수된 자전거 중에는 여교사의 자전거도 있었다. 여교사는 농촌에서 옥수수 국수를 넘겨받아 시내 장마당에 넘겨주면서 살아가고 있었다. 자전거 단속을 피해 새벽 일찍 자전거 짐 틀에 국수를 싣고 농촌에서부터 30리 길을 달려왔으나 다리 입구에서 단속된 것이다.

화물 트럭에 회수한 자전거를 실을 때 여교사가 사정했다.

"동네 사람에게 빌린 자전거예요. 회수당하면 나는 빚더미에 앉는단 말이에요."

그의 목소리는 절박했다. 하지만 단속한 순찰대의 표정은 차갑고 무감각했다.

"그건 내 알 바가 아니야. 당의 방침을 어겼으니 책임을 져야지."

여교사는 다급해졌다. 회수당한 자전거는 일본제 중고 자전거였는데, 가격은 5만 원 선이었다. 교사 월급 2년치 이상의 가치였으니 바칠 뇌물도 없는 상황에 이

대로 자전거를 뺏긴다면 상당한 빚더미에 앉게 되므로 살아도 죽은 목숨이었다.

"제발, 자전거를 돌려주세요. 오죽하면 교원이 국수 장사를 하겠나요?"

다시는 자전거를 타고 다니지 않겠다고 사정을 해 봐도 올빠시* 안전원은 마이동풍이었다. 그러자 거세게 저항하던 여교사가 돌변하더니 다리 한가운데로 걸어갔다. 그러고는 난간을 훌쩍 넘어 대동강으로 몸을 던졌다. 70미터 높이의 다리에서 뛰어내린 것은 각오한 자살이었다. 그는 결국 강물 속에서 사체로 발견됐다.

이를 계기로 정치적 성향을 드러내지 않던 여성들의 목소리가 노골화되었다. 그 목소리는 여름철 독이 오른 길거리 잡풀처럼 무섭게 엉켜 당국으로 향했다. 집도 거리도 장마당 매대까지 모든 곳이 자전거를 회수당한 여교사의 자살 이야기로 들끓었다.

이틀 후 자전거를 타고 이동하는 여성들에 대한 당

---

* 북한 영화 「누리에 붙는 불」에서 악독한 일본 순경을 올빠시라고 말하는 대사가 나오는데, 이후 주민 통제에 혈안이 된 사법간부를 올빠시라고 불렀다.

국의 단속이 사라졌다. 최고지도자의 방침이 철회된 것이다. 독재 사회에서는 드문 일이었다.

"여교원의 동상을 세워주면 좋겠네. 다른 게 영웅인가. 여자들을 살게 해준 사람이 영웅이지."

장마당 여성들의 말이었다. 나도 그들 속에 있었다.

북한 전역에 김일성과 김정일의 우상화 동상이 수백여 개 세워져 있는데, 깨어난 여성들은 이제 수령의 신격화에 문제를 제기하며 동상의 가치를 논의하고 있었다. 동상을 세워 기념해야 하는 존재는 자살로 공권력에 도전한 여성이라고.

이후 자전거는 북한 여성들의 경제적 자립을 실현하는 수단으로 자리 잡아, '재산 1호'인 동시에 경계를 넘어서는 변화의 상징으로 부각되고 있다.

담배를 피우는 이유

어느 날, 미용원 원장이 집에 찾아왔다. 동네마다 늘어난 점쟁이를 찾아가 팔자 풀이를 해봤지만 마음의 상처가 해소되지 않는다고 토로했다.

"왜? 장사 망했게?"

"아니, 내 장사야 망할 리가 있니."

그의 말이 맞았다. 그의 장사는 안정적이었다. 평양 창광원에서 전수받은 기술로 미용원과 피부 관리 숍을 운영하고 있었다. 평양 창광원에는 사교육 시장이 있어서 시간당 달러를 지불하면 최신 기술을 배울 수 있었다. 그는 그 기술을 활용하여 역 앞에서 미용원을 운영했는데 한국 드라마에 나오는 배우의 헤어스타일을 요청하면 그대로 해주어 인기가 있었다.

낯선 일상에 도전하는 성향을 지닌 친구였다. 나보다 앞서 생각하는 경우가 많았다. 대학을 졸업한 지식인으로 자본주의 시장을 연구하고 실행하는 선구자였는데, 미용원을 운영하며 벌어들인 돈으로 땅을 사들이고 있었다. 앞으로 땅 가격이 오를 것이라고 그는 확신했다.

이런 그에게 어떤 고민이 있었을까. 뜻밖에도 애정 문제였다. 남편 외에 다른 남자가 있었고, 그 남자에게는 또 다른 여자가 있었다고. 원장의 남편 외 상대는 디젤유를 생산하여 수산사업소와 농장에 공급하는 사업가라 했다. 원유를 가공할 때 휘발유, 석유, 디젤유가 추출되고 마지막에 남는 찌꺼기가 중유다. 이 중유를 정제하면 디젤유가 되며 이는 선박과 트랙터 연료로 사용된다. 개인 버스와 화물 트럭이 증가하면서 디젤유에 대한 수요가 높아져 개인에 의한 중유 정제 사업이 큰 인기를 끌고 있었다. 따라서 디젤유를 가공할 중유 원천 확보는 매우 중요해졌다.

이런 상황에서 중유 사장이 미용원 손님으로 와 이발하던 중, 원장의 남편이 원자력상사 행정 간부라는 사실을 알게 되었다. 원자력상사에는 국가에서 중유를 우선 공급하니, 중유 사장에게 원장의 남편은 중유 원천을 해결해줄 수 있는 인물이었다. 원장의 주선하에 두 남자는 사업으로 연결되었다. 행정 간부는 공식적으로 장사에 나설 수 없으므로 원장이 중유를 받아 남자에게 넘겨주게 되고 두 가족은 명절마다 친척처럼 모일 정도로 가까워졌다. 그 사이 미용원 원장과 중유 사장이 다른 관계를 갖게 된 것이었다. 불륜이었다. 이중 문화가 공존하는 북한에서 협력으로 만난 사업가들은 성향의 동질성만으로 매력을 느낀다. 그것이 이성이라면 남자보다 여자가 쉽게 빠지는데, 변화하는 여자보다 변화하는 남자가 적기 때문이다. 미용원 원장이 딱 그랬다. 시장경제에 적응한 남자는 그토록 드물었던 것이다.

이 관계는 중유 사장의 생산 현장에서 화재 사고가 일어나면서 틀어진다. 철길 너머에서 시꺼먼 불기둥을 보고 숨을 헐떡이며 달려간 원장이 보게 된 것은 다행히도 무사한 자신의 내연남과, 그가 관계하는 또 다른 여성 일공의 존재였다. 말다툼이 일었고, 결과적으로 원장은 남자의 얼굴을 손바닥으로 치고 돌아섰다. 그 용기는 참으로 대단한 것이었다. 그때까지도 북한에서 여자가 남자의 귀뺨을 후려치는 행위는 상상도 할 수 없었다. 여자는 반드시 참아야 했다. 하지만 장마당 여자는 참지 않았다. 그런데 내게 이야기를 털어놓는 원장은 그 자신이 지독한 통증에 시달리고 있었다.

나는 그의 고통이 무엇인지 알았다. 남자에게 또 다른 여자가 있어서가 아니다. 말다툼의 순간에 알게 된 진실 때문이었다. 원장에게는 부부의 상하관계 바깥에서 '사랑'한 남자, 동등한 관계라 느끼고 관계했던 남자였다. 그런데 그 남자는 자신을 동등하게 보지 않았던 것이다. 심지어 그는 원장을 별나고 드센 여자라 말하였다. 원장에게는 자신과 마찬가지로 깨어 있어 이야기가 통하고 매력적이었던 상대이건만 남자의 입장은 완전히 달랐다. 깬 여성은 여성성의 기준에서 벗어난 사회의 문젯거리, 동시에 기준을 얼마나 떠나든 남자의 대상물로서 '여자'라는 사실은 같다.

원장의 경험은 나도 익히 아는 종류의 현실이었다. 장마당 사업가 여성들은 시장경제의 중심이 되었음에도 사회적으로 고립되는 경우가 많다. 경제력은 분명 우리에게 힘을 주었다. 원장이 그의 귀뺨을 칠 수 있었던 것은 해방의 결과다. 그러나 남성 중심 사회에서 여성의 목소리가 커진들 우리의 주장은 옳든 그르든 억압을 받으며 개별 여성들로서는 이를 방어하기 어렵다. 자신의 목소리를 정당화하려 할수록 섭기*가 되는 현실을 장마당 여성들은 느끼고 있다. 남자는 '저게 여자냐' 손가락질하고, 시장 밖의 여성들에게 역시 외면받기도 한다. 결국 사업가 여성들은 남성도 아니고 여성도 아닌 듯 고립되는 뒤틀림의 아픔을 감수한다.

"너를 여자가 아니라 사업가로 마주한 게 아니었을까. 사업하는 여성은 도전성이 강하고 일공 여성은 순종적이니 남자의 본능은 순종하는 여자에게 쏠렸겠지……"

내가 할 수 있는 말은 여기까지였다. 어둠이 깃들도록 그와 나는 오랫동안 마주 앉아 이야기를 했는데, 그때 처음으로 담배를 피웠다. 남자의 독점물이 너무 많았는데, 그중 하나가 담배였기 때문이다.

---

* 기준에서 벗어나 행동하는 사람

성형한 여자는
바람났다

 한밤중이었다. 이번에 나의 집 출입문을 두드린 여성은 여동생의 친구로, 이웃에 살았다. 나를 찾는 여자의 가냘픈 소리에 급히 문 열고 밖을 내다보니 얼마나 맞았는지 한쪽 눈이 부을 만큼 매를 맞은 그가 서 있었다. 집이 가까워 무작정 이곳으로 달려왔다고 했다. 어찌 된 영문인지 묻지 않고 급히 그를 집 안으로 끌어들였다.

 쌍꺼풀 성형을 했다고 남편에게 맞았단다. '바람나지 않고서야 쌍꺼풀 성형을 할 수 있냐'는 것이 남편의 주장이었다. 맞는 것까지는 참았는데 어디서 성형했는지 그 집을 대라고 하더란다. "아내가 바람을 피우도록 성형을 해줬다"고 분노하며, 그 집에 불을 지르고 의사를 죽탕 치겠다고 협박하는 바람에 일이 더 커질까 봐 뛰쳐나왔다고 했다.

    1990년대 중반만 해도 지방 도시에는 성형 개념이 없었다. 평양에서는 1980년대 중반부터 특권층 여성들이 간혹 성형을 했고 전국에 장마당이 생겨난 1990년대 말이 되어서야 지방 도시에도 성형 시장이 등장하였다. 당시 성형 수술을 받는 여성은 그리 많지 않았다. 소득이 높지 않았기 때문이다. 그러나 2000년대 들어 여성의 소득이 증가하면서 성형을 시도하는 여성이 늘어나기 시작했다. 수령에 의해 존재할 수 있고 남편에게 의존해 살아갈 수 있었던 여성들이 이제는 스스로 번 돈으로 눈썹 문신을 하고, 작은 눈을 크게 하는 쌍꺼풀 성형으로 자신의 '가치'를 높이고 있었다.

    지방 도시마다 자리 잡고 있는 종합시장에는 최소 300여 명 기혼 여성이 매대에 앉아 장사를 하고 있다. 각종 상품이 판매되는 매대를 돌아보면, 그곳에서 장사하는 여성 중 눈썹 문신을 하지 않은 여성이 거의 없는 상황이다. 눈썹 문신은 하루벌이 여성도 부담할 수 있는 비용이었다. 반면 쌍꺼풀 수술과 아이라인, 입술 문신은 그 이상의 여유가 필요하다. 쌍꺼풀 성형의 경우

대략 공장 노동자의 1~3년 벌이만 한 값이었다.

성형 집도자는 평양병원에서 사교육 비용을 지불하고 기술을 습득한 젊은 여성과 남성 그리고 의사들이다. 수술은 보통 자택에서, 홍보는 주로 입소문을 통해 이루어진다. 인지도가 낮은 성형 집도자는 소득이 높은 지역을 선택해 이동 봉사를 통해 고객을 확보하곤 했다. 2010년대 질적으로 발달한 북한 시장은 지역별, 소득별로 성형 문화를 다층적으로 확산시켰다. 한국에서 성형이 스펙으로 여겨지듯이, 북한에서도 이제는 비슷한 맥락으로 자리 잡았다.

주목되는 것은 평양에서 처음 성형한 여성들은 주로 이미 잘사는 집의 미혼 여성이었다면, 지방 도시에서 처음 성형한 여성들은 비국영부문 즉 장마당에서 장사하고 있는 기혼 여성이라는 차이점이다. 이 경향으로 인해 기혼 여성이 미를 추구하는 것은 남편의 소유에서 벗어나려는 잠재적 외도로 여겨졌다. 한밤중 내 집에 허겁지겁 달려온 동생의 친구가 그 사례였다. 쌍꺼풀 수술이 외도의 증거라는 말에 기가 막힌 그는 남편과 더 이상 대화를 나눌 수 없었다.

이후 이들 부부는 이혼하지 않았고 표면상 갈등도

드러나지 않았다. 하지만 남편이 발기 부전 증세를 보이기 시작하여 부부의 잠자리가 뜸해졌고 아내도 성 불감증이 생겼다고 하였다. 나로서는 이 문제의 뿌리를 다시금 식량배급제에 돌린다. 남편을 통하여 식량을 배급하는 제도적 환경이 남성의 권위를 뒷받침했으나 이 체계가 붕괴되었으니 남성들은 기득권을 놓아야 하는 처지다. 성 통치 근간에 이미 균열이 난 것이다.

사실 균열의 본질은 성형이라기보다 여성들의 각성에 있다. 기업가 여성들은 달리 표현하면 생각할 수 있게 된 자들이다. 목줄이 제도적으로 남편 손에 쥐인 처지에서 벗어난 데 따른 당연한 결과다. 2010년대 시장경제의 발달로 이 같은 부부 간 갈등은 표면적으로 다소 완화되었으나 원천적으로 해결된 게 아니다. 장마당 여성들의 문화가 대중화되면서 남성들도 이제는 적응할 수밖에 없게 되었을 뿐이다. 눈썹 문신은 화장 시간을 절약할 수 있다며 고객을 끌었고 신흥부유층 여성들의 성형은 더 과감해졌다. 성형 수술용 마취제와 수술 기구가 직수입되었고 최근 평양을 비롯한 대도시에서는 코 세우기, 얼굴 윤곽 당기기부터 가슴 수술 같은 몸 성형까지 이루어진다.

7부

총성, 탈출

공개 처형

2007년 7월 어느 날이었다. 소나기가 쏟아지는 동네 길을 바삐 오가며 인민반장이 소리쳤다.

"10시까지 모이라요. 경기장에 가야 돼요."

박기원 사장이 공개 처형되는 경기장으로 집합하라는 말이었다. 평안남도 당 간부들, 도내 공장기업소 간부들에게도 이 같은 조치가 전달되었다. 10만 명의 군중이 집합하도록 조직된 것이었다.

"돌두령 총살한대."

"왜 총살한대요?"

"반혁명분자래."

"반혁명분자가 지금까지 선물 당과류를 공급했단

말인가요?"

　믿어지지 않는다며 사람들은 수군댔다. 선물 당과류는 수령의 권위를 상징한다. 전국의 어린이와 학생에게 교복과 당과류를 선물하는 정치는 1976년 김일성으로부터 시작되어 수십 년 이어졌고 선물정치는 수령 신격화에 한몫하였다. 1990년대 경제난으로 교복 선물은 없어졌으나 당과류 선물은 그런대로 이어졌다. 다만 원래 국가에서 지방 식료공장에 원료와 자재를 공급해 생산하던 것을 지역에서 자체 생산하도록 하였고 순천의 경우 박기원 사장이 기업 수익금으로 당과를 생산해 공급했다. 물론 김일성과 김정일이 내리는 선물로서였다. 그런데 총살되다니, 그것도 반혁명분자로? 수령의 이름으로 선물하는 당과류를 생산한 기업가가 반혁명분자라면 수령은 그동안 반혁명분자에게 놀아난 게 아닌가?

　그렇게 돌두령은 정쟁의 희생물이 되었다. 새로 순천으로 부임해 온 내각 전 총리와 마찰이 있었다고 들었다. 김일성 사후 '나에게 그 어떤 변화도 기대하지 말라'던 김정일은 2000년대 들어 '새로운 경세 진각을 찌라'고 지시했다. 여기에 기초하여 발표된 것이 7·1경제관리개선조치다. 이 조치는 기업의 자율성을 강화했다는 점에서 개혁적 성격을 띠고 있었다.

내각이 추진하는 경제 개혁은 권력층의 갈등에 부딪히게 되었다. 당의 유일영도(절대 권력)가 약화되는 결과로 이어질 수 있다는 이유였다. 결국 당과 군부에 내각이 밀려났다. '내각이 머리에는 사회주의 모자를 쓰고 자본주의 척후병 노릇을 했다'는 김정일의 한마디에 내각 총리였던 박봉주가 강등되어 부임한 곳이 순천비날론공장이었다.

이후 비사회주의를 뿌리 뽑는 사업이 전개되면서 시범 꿰미*로 공개 처형도 진행되었다. 함북 연사군에서 '구호나무**를 찍어 팔아먹은 반역자'가 김일성의 항일 업적을 훼손했다는 죄로, 평남 문덕군에서 룡림리 협동농장 관리위원장이 나라의 식량을 개인 비리에 사용한 죄로 공개 처형되었다.

박봉주 전 내각 총리는 비날론공장 설비를 점검하던 중, 대형 변압기를 박기원 사장이 가져간 것으로 파악하고 조사했다. 박기원은 사용 가치를 잃은 변압기를

---

*   '하나를 내세워 100을 교양한다'는 정책
** 수령 찬양 구호 따위를 적은 나무

금속으로 전환하여 중국에 팔고 그 자금을 기업 운영에 돌렸는데 무엇이 잘못이냐고 말했다고 한다. 어쩌면 혁명화의 성과가 필요했던 전 총리에게 말려드는 우를 범한 것인지 모른다. 결국 김일성의 업적이 깃든 공장 변압기를 중국에 팔았으니 '반혁명'의 명분이 만들어졌다. 짧은 기간에 박기원 사장의 반역 서류는 중앙당으로 올라갔고, 혁명의 원수로 처형하라는 비준이 내려왔다.

내사가 좁혀지고 있음을 박기원 사장도 정보망을 통해 알게 되었다. 신변에 위험을 느낀 그는 기업소 종업원의 집체 관광을 조직하였다. 관광지는 용문대굴, 평북 구장군에 자리하고 있어 중국 국경과 가까웠다. 기획 탈북을 시도한 것이었다. 하지만 출발을 하루 앞둔 저녁, 박기원 사장이 운영하던 기업 중 하나였던 부재 공장 정문에 사복 차림의 남성들이 나타났다. 국가보위성 요원들이었다.

"지배인 동지는 공장에 없습니다."

정문 경비원이 말했다. 그러자 그들은 잠복에 들어갔다. 어둠이 깃들자 공장 정문 차단 봉이 올렸고, 공장 구내에서 승용차 한 대가 나오고 있었다. 박기원 사장이 타고 있는 차였다. 보이지 않는 곳에 대기하고 있던 요원들이 불시에 차를 막았다. 어둠이 짙은 공장 정문 앞에서 그는 포박되었다.

사형을 앞두고 그는 이렇게 말했다고 한다.

"나를 살려주면 수령님의 업적이 깃들어 있는 비날론공장을 살려내겠습니다."

그러나 처형은 결정되었다. 공개 처형장에서 그를 바라보니 눈물이 났다. 반역자를 동정하는 눈빛이 비치면 큰일이니 울어서는 안 된다. 사방에 감시원이 있다. 삶의 종말을 의식한 것일까, 포박된 그의 몸이 잠깐 움씰댔다. 그 모습이 분위기를 압도하였다. 박기원의 세력이 현장에 나타나 반정부 폭동을 일으킬 수 있다 하여 처형장 주변에는 무장 군인들이 진을 치고 있었다.

"피고 박기원을 인민의 이름으로 처단한다!"

자갈로 그의 입을 막지 않았더라면 어떤 절규가 쏟아졌을까. 90개의 총탄이 그의 몸을 찢었다. 반혁명분자로 처형되는 사람에게는 세 발이면 목숨을 앗아갈 총알을 90발이나 발사한다. 모두에게 공포를 주기 위해서다. 쏟아지는 빗줄기 속에서 빗물인지 눈물인지 모를 물줄기가 한없이 내 볼을 타고 흘러내렸다.

아버지의 눈을 감기고

공개 처형 후 보름 지난 어느 날, 누군가 다급하게 대문을 두드렸다. 조용한 아침에 종이 달린 철대문을 두드리면 전쟁 대피령보다 더 시끄럽다.

"빨리 문 열어."

급하게 대문의 빗장을 열자마자 새파랗게 질려 있는 언니가 보였다.

"아버지 돌아갔어."

"뭐……? 왜? 무슨 일로?"

말을 더듬거리며 낭황한 내가 그실도 냅나 뛰어가자 여덟 살 아들이 쫓아 나왔다. 언니의 집에 도착하자 고개를 숙이고 출입문에 앉아 있는 아버지가 보였다.

문턱에서 바깥을 내다보다 운명한 것이었다. 아, 운명하는 순간 무슨 말을 하고 싶었을까. 힘겹게 문을 열며 시원한 바람을 기대했을 텐데 그날 밤은 얼마나 무더웠던가. 왜 이런 일이 벌어졌을까. 집안 어디에도 유서는 없었다.

아버지의 학원이 국가보위부의 타깃이 되어 지역보위지도원이 드문드문 찾아와 압박하고 간다는 말은 들었다. 아버지의 학원에는 중국어를 배우려는 20대 여성들도 있었는데 학원 교육이 그들의 기획 탈북을 돕는다는 것이다.

설마 평양과 인접한 내륙 지역인 평남 순천에서 탈북하리라고 상상 못했다. 국경과 거리가 먼 내륙에는 2000년대 중반 이전만 해도 탈북 사례가 거의 없었다. 돈만 있으면 개인이 운영하는 버스를 타고 전국 어디든 이동할 수 있었으나 국경 지역은 보위부가 최종 승인하는 여행증명서가 필수였다. 국경 지역에 사는 가족의 대사가 있다면, 보위부의 승인으로 인민위원회가 여행증명서를 발급해주고 반드시 회수한다. 국경으로 가는 여행증명서 한 장이라도 회수되지 않으면 증명서를 발급한 인민위원회 간부와 최종 승인한 보위부 간부가 처벌받게 된다. 그만큼 국경 여행은 쉽지 않았다.

그런데 2000년대 중반 순천에서 탈북 사건이 터졌다. 쌍둥이 딸을 둔 30대 여성이었다. 그는 양강도 국경에서 탈북을 시도하다 잡혀 보위부에서 한 달 정도 조사받고 나오기 바쁘게 또다시 국경을 넘었다. 여행증명서도 없이 이동했는데, 화물열차에 숨어 갔다고 했다.

이 소식은 빠르게 퍼졌다. 탈북에 성공한 쌍둥이 엄마가 미국에 정착했고 순천에 남은 쌍둥이 딸을 키우는 할머니에게 달러를 보내주었기 때문이다. 이와 동시에 순천동발공장 지배인이 중국으로 넘어가 한국 친척에게 돈다발을 받았다는 소식까지 퍼졌다. 이후 내륙에서는 탈북이 가능한 연줄을 찾으려는 사람들이 늘어났다.

이러한 분위기는 중국어를 가르치는 아버지에 대한 감시망을 좁혔다. 만약 아버지가 처세술이 있었다면 아버지를 감시하는 보위지도원에게 적당한 뇌물을 주고 학원을 계속 운영했을 것이다. 하지만 자존심이 강하여 머리를 숙이는 방법을 몰랐던 아버지의 대안은 학원 문을 닫는 것이었다. 2006년 5월이었다.

이후 아버지는 농태기(밀주)를 유일한 친구로 삼았다. 병으로 마셨고, 공기로 마셨다. 세상을 통째로 술에 말아 마시고는 길거리서 그대로 잠들어버렸다. 잠든 장소는 대개 안전부(경찰서) 앞이었다. 취중에 비틀비틀 걸어가는 방향이 어째서 하필 안전부였는지는 잘 모르겠다. 아버지에게 그곳은 반항지대였을까, 안전지대였을까.

그것이 창피하여 한동안 부러 외면하던 아버지가 이제는 없다. 그렇게 좋아하던 술 한번 실컷 대접했다면 아픔이 덜했을까. 세상에 버려져 죽음을 선택한 아버지를 떠올리니 자책을 초월하는 통탄이 밀려왔다. 무슨 소용 있으랴.

언니는 무서움에 떨고 있었다. 아버지를 편안하게 눕혀야 된다는 생각이 들었다.

"같이 들자."

내가 언니에게 말했다. 굳어진 시신의 양쪽 겨드랑이를 언니가 두 팔로 안고, 내가 두 손으로 무릎을 들어 방으로 옮겼다. 앉은 채 굳어진 시신의 무릎을 두 손으로 눌러 펴니 뚝뚝 뼈마디 꺾이는 소리가 공포를 유발했다. 잠시 멍하고 서 있던 나는 정신 차리고 김일성과 김정일의 초상화를 내려 장롱에 넣었다. 초상화가 있는 방에 시신을 안치하면 걸릴지 모르니까. 배운 적 없건만 습득하고 있었다.*

 물에 적신 수건으로 아버지의 얼굴을 닦아드리는데 내 손이 떨렸다. 추운 것이 아니었다. 아버지의 죽음을 실감해서였다. 이불 안 광목천을 와락와락 뜯어내 시신을 덮으려다 아버지를 바라봤다. 아버지의 두 눈이 반쯤 뜨여 있었다. 내가 그 두 눈을 감겨드렸다.

 입관을 주관하던 동네 할아버지가 널따란 관 안에 아버지를 눕혔다. 못을 박기 전 자식들을 관 앞에 한 줄로 세운다. 곡성을 터트리며 아버지를 보내주라고. 다들 울었지만 나는 울지 않았다. 딸년이 울지 않고 서 있기만 한다고 투덜대는 조문객의 말소리가 들렸다.

 무감정이었을까. 아니다. 아버지를 바라보며 서 있는 내 안에서 마구 일렁이는 말들을 억제했다. 아버지, 이 딸은 아버지처럼 허무하게 살지 않을 거예요. 순응하면 아무것도 얻지 못하잖아요. 그것을 아버지의 삶으로 배웠어요. 왜 자살했나요? 청산가리라니…… 포기

---

* 신 앞에 죽은 사람을 둔다는 것은 불경죄로 여겨져 정치범으로 처형될 수 있으니 모부 숨 끊어지면 자식 몸은 수령의 초상화 쪽으로 돌아간다.

부터 하는 건 어리석음이잖아요. 이 딸은 아버지의 운명을 닮지 않겠어요. 그것이 아버지의 한을 푸는 길이니까요……. 혼자 다짐하는 내 모습이 무덤덤한 표정으로 굳어졌을지라도, 이날의 결의는 어릴 적 가난에서 벗어나겠다고, 장사 밑천 잡으러 중국으로 가겠다고 주문을 외던 성격과 달랐다. 이전 날의 주문은 나를 위한 것이나 오늘날의 주문은 가족을 짊어지고 내 자식의 미래까지 개척하려는 여자의 비장함이었다.

기적과 개척

훤히 트인 야산에 아버지를 묻고 나서 얼마 안 지나 추석이 왔다. 3년째 기르는 개와 마당에 앉아 환한 보름달을 바라보고 있노라니 내 입에서 불쑥 이런 말이 나왔다.

"하느님, 저도 불러주세요!"

나는 가끔 엉뚱하다는 말을 듣는다. 그 말의 의미를 잘 몰랐는데, 뜬금없이 하느님을 외치는 걸 보면 엉뚱한 게 맞았다. 보름달을 바라보며 하느님을 찾은 건 영화의 한 장면이 떠올랐기 때문이다. 바로 「이집트 왕자」에서 모세의 능력이 펼쳐지는 장면이다. 환상 영화 같았지만 강렬한 여운을 남긴 영화였다.

이 영화는 2006년 설날에 본 것으로 기억한다. 설

에는 한국 영화나 드라마를 보아야 명절 맛이 난다. 드라마 CD를 몰래 빌려주는 집에 갔더니 「이집트 왕자」가 들어왔단다. 장마당 여성들은 새해 첫날 집에 온 첫 손님이 누구이고, 무슨 일이 있었느냐에 따라 한해 길흉이 오간다고 믿는다. '왕자'가 들어간 제목이 좋아 돈을 주고 빌려왔다. 새해 기운을 받고 싶었다.

모세는 불붙는 떨기나무를 보고 동굴로 들어가 하느님의 계시를 받는다. 이집트에서 노예로 사는 히브리 민족을 구하라는 계시. 하느님의 부름으로 모세가 민족을 거느리고 탈출하였을 때, 왕의 병력에 포위되어 전멸될 위기에 놓였으나 하느님의 지팡이로 홍해를 가르는 기적을 일으켜 민족을 구원한다. 추석 보름달을 보며 한참 전에 본 영화를 떠올린 데는 아버지를 묻은 지 얼마 되지 않은 영향이 있었다. 헛된 죽음을 선택한 아버지를 이해하려 했으나 반감을 떨치지 못했다. 아버지의 인생을 답습하고 싶지 않았던 것 같다. 그러자면 스스로 활로를 찾아야 했다. 모세에게처럼 내게도 기적이 일어난다면.

남편에게도 말 못 한 사연이 있었는데, 2004년 중국에 갔을 때 새신자 교육을 받고 귀국했었다. 정전이 일쑤여서 북한의 밤은 꽤 길다. 홀로 있는 밤이면 달빛이 비쳐 드는 창가에 앉아 그때 배웠던 찬송가를 부르기도 했다. 그러다 중얼거렸다.

"국경을 넘게 해주세요."

이기적인 기도였다. 그래도 멈추지 않았다. 나는 이미 중국으로 출국하여 비자 기간인 90일을 1년 초과해 귀국한 경력이 있어 중국 비자 재발급이 제한되어 있었다. 그래도 어떻게 해서든 국경을 넘을 수 없을까?

그저 탈북이 목적이면 두만강을 몰래 건너면 된다. 그러나 나의 목적은 탈북이 아니었다. 이미 중국 시장을 경험해봤으니 국경을 다시 넘어 미국이든 한국이든 가서 투자를 받고 고향에 기업을 세우는 것이었다. 이번에는 두려워하지 않을 것이다. 중국에 체류할 때 의류 백화점을 투자해주겠다던 한국의 기업가를 만난 적 있었다. 적대계급이라 교육을 받아온 한국 사람을 처음 만나니 두렵기도 했고 한국에서 투자를 받은 것이 발각되면 정치범으로 처형될까 봐 무서웠기에 물러섰다. 다시는 바보 같은 실수를 하지 않을 것이다.

나는 상당한 뇌물을 중국 비자 발급에 투자하였고 6개월 후 중국 비자가 붙어 있는 여권을 손에 쥐었다.

그 감정을 어떻다 할까. 외사과에서 여권을 받아 들고 집으로 가는 길은 천천히 걸어도 30분 거리였다. 그런데 한 시간 나마 걸었던 것 같다. 한 걸음 한 걸음이 의미심장하여 발걸음이 그토록 무거웠다.

덜컹, 열차가 미끄러지듯이 출발한다. 예견치 않았던 울음이 터졌다. 아버지의 죽음에도 울지 않던 내가 울고 있었다. 소리 내어 우는 것은 내 모습이 아니었다. 그렇지만 입을 막은 손 사이로 울음이 터졌다. 눈물에 가려 손을 저어 배웅하는 형제들의 모습이 보이지 않았는데, 남편의 모습은 선명하게 보였다. 움직이는 열차를 뛰어서 따라오며 나에게 두 손을 흔들고 있었다. 남편도 울고 있었다.

아, 살면서 그때처럼 남편을 느껴본 적 없었다. 대장염에 걸려 복통으로 고통스러울 때 새벽 3시 달려 나가 바싹 말린 아편대를 구해 온 남편, 가마에 아편대를 넣고 우려낸 그 물을 한 공기 건네주어 마시고 숨을 쉴 수 있었던 그날이 떠오른다. 평범한 여자를 아내로 얻었다면 다른 남편들처럼 남자의 특권을 누리며 살 수 있었을, 그러나 결국 나와 섞일 수 없었던 사람.

창백하게 굳어지는 내 표정이 느껴졌다. 남편에게

지배되지 않겠다 반기를 든 드문 여자가 당신의 아내여서 미안했다. 떠나는 이 길은 기약 없는 길이기도 하다. 남편과 한 번만 손을 잡고 싶어졌다. 그러나 열차는 궤도 위에 속도를 내며 달리고 있었다. 깊은 곳에서 분출하는 감정을 묻는 것은 내 몫이었다.

'기다려다오.'

두만강 너머로 돌아본 고향은 나의 가족들이었고, 반드시 돌아갈 조국의 대지였다. 두만강 대교에서 눈감고 다짐했다. 반드시 성공하여 돌아오리라.

저는 기업을 경영하고 싶은 여자입니다

2008년 봄, 중국 세관에서 수속을 마치고 밖으로 나오자 후두둑 빗방울이 떨어지기 시작했다. 하늘을 바라보니 하얀 뭉게구름이 서서히 밀려가며 먹구름이 빠르게 드리우고 있었다. 이내 빗방울은 빗줄기로 변했다.

    세관 입구 처마 아래에서 비를 피하려 서 있는데 승용차 한 대가 내 앞에 멈춰 섰다. 차에서 40대 정도의 남성이 내렸다. 온화한 인상이었다. 한 손에 자그마한 가방을 들고, 와이셔츠와 단정하게 올려 입은 바지가 잘 어울렸다. 그는 잠시 두만강 대교 쪽을 응시하며 한참을 바라보았다. 누구를 기다리는 듯했다. 그러다 포기했는지 이내 돌아서 차 문을 열던 그가 나를 바라보앉다.

"조선에서 왔나요?"

누가 봐도 북한 사람 차림새였으니.

"네, 그런데요?"

"여자 한 분 오시는 거 못 보셨나요?"

"아니요. 오전에 나온 사람 중에 여자는 없었어요. 중요한 사람인가요?"

그의 표정이 하도 간절하여 되물었다. 그는 아무 말도 없이 잠시 생각하더니 나에게 물었다.

"어디로 가세요?"

"옌지 가는데, 비가 내려 이러고 있어요. 혹시 우산 하나 있으면 빌릴 수 있을까요?"

"그럼요, 드릴게요."

그가 차 뒷문을 열고 우산을 찾아 건네주었다. 고맙다고 인사한 후 잠시 여러 대화가 오갔다. 그리고 이런 말을 들었다.

"조선 여자가 이렇게 당찬 건 처음 보네요."

"비위가 좋다는 얘기인가요?"

"아니요. 무슨 말씀을요. 그런 뜻이 아닙니다. 옌지에 도착하면 식사 한번 할까요."

나는 흔쾌히 응했다. 그가 전화번호를 수첩에 적어 주며 조용히 말했다.

"저는 선교사입니다. 반갑습니다."

"선교사요?"

정말 놀랐다. 뜻을 품고 출국한 중국에서 가장 먼저 북한을 위해 기도하는 선교사를 만나다니. 우연 아닌 인연 같아 손을 내밀었다. 진심으로 청한 악수였다.

한 달 후, 옌지 시내 호텔 2층 카페에서 선교사를 다시 만났다. 그와 함께 온 50대 남성도 있었다. 그는 일본 국적의 한 선생이라고 소개되었다. 한 선생은 북한에 대해 여러 가지 질문을 던졌고 나는 아는 만큼 답을 하다 보니 자연스럽게 대화는 북한의 시장 이야기로 흘러갔다.

"혹시 돌두령을 아시나요."

한 선생의 질문이었다. 나는 그만 큰소리로 웃고 말았다. 웃고 싶으면 입을 크게 벌리고 웃어버리는 게 내 성격이라, 실례를 범한 것 같았다. 처음 보는 분 앞에서 예의를 갖추고 답해야 했고 더욱이 선교사 앞이었다. 하지만 '돌두령을 아냐'는 그 한마디에 본래의 내 모습이 자연스럽게 튀어나온 것이다.

일본 사람이 순천에서 이름을 날렸던 돌두령을 안다는 건 반가운 일이었다. 공개 처형 이후로 그는 북한 전역에서 유명한 돌두령이 되었다. 어쩌면 내 고향의 자랑이기도 한 인물이었을 것이다.

"어떻게 박기원을 아십니까?"

실명을 거론하자 한 선생의 동공이 잠깐 굳어진 것 같았다. 그는 자신의 감정을 드러내지 않았지만 그에 대해 조금 더 알고 싶은 듯 무척 흥미로운 표정이었다.

"기업가형 천재였는데 정쟁의 희생물로 사라졌습니다."

시장이 발달하면 정경유착은 필연적으로 일어난다. 정경유착은 이권을 둘러싼 권력 간 갈등을 키우게 되고, 권력 갈등에서 밀려난 간부들을 정리하는 방법은 보통 그와 연결된 개인 기업가를 제거하는 방식이다. 내가 이렇게 설명하자 한 선생은 고개를 끄덕였다.

당시 이 소식은 일본에서 발행된 『림진강』잡지에 실렸다. 여자를 끼고 놀다 처형된 것이라고, 숲을 보지 않고 나무만 보고 쓴 이야기였다. 잠시 침묵이 흘렀다. 포도송이 모양의 은은한 조명등이 우리가 앉은 테이블 공간을 비추고 있었다. 분위기가 우리를 하나로 연결하고 있었다. 이제는 조금 더 진지한 이야기를 해야 했다.

나는 손가방 안에서 여권을 꺼냈다. 이름과 생년월일, 북한 거주지, 비자 번호가 적혀 있는 여권이니 나의 신분을 내놓은 것이나 다름없었다. 중국에 나온 목적을 말하고 도움을 받고 싶어서였다.

"저는 기업을 경영하고 싶습니다. 자본을 투자받으려고 중국에 나왔거든요. 도와주세요. 조국에서도 투자 출처를 따지지 않습니다."

당시 이것은 정말이었다. 중국에 나오기 전 모 연합기업소 지배인, 모 지방정부 간부, 교육기관 퇴직자까지 나를 찾아왔었다. 그들은 하나같이 사업계획서를 보여줬는데, 열 장 정도의 서류에는 해외 투자를 받아 어떻게 기업을 운영할 것이라는 구체적인 내용이 적혀 있었고 정부의 허가 도장이 찍혀 있었다. 나는 가방 밑단을 뜯어 그 안에 그 서류를 넣고 재봉으로 다시 바느질하여 출국했었다.

그들은 내 말을 주의 깊게 들었다. 북한 시장은 이미 개방의 문이 열려 있었다. 변화된 상황 속에서 해외 투자를 받아 귀국하게 되면 기업 경영 허가는 문제 아니었다. 공동 운영 합작기업에서 나오는 수익은 투자자와 배분하고 원금 상환 기간도 논의하면 된다는 등 열심히 설명했다. 얼굴이 홧홧 달아오를 정도였다.

그들은 적극 돕겠다고 했다. 진심이었다. 북한을 무상 지원하는 사업도 좋지만, 현지인을 기업가로 키우는 게 무엇보다 의미 있다고 말했다. 우선 기업가가 되려면 자본의 흐름과 수요와 공급의 원리, 경영 방식 등을 알아야 한다며 시장경제 공부를 한 선생이 권하였다. 북한에서 체험한 장마당 경험과 중국에서 배운 시장경제 교육을 접합시키면 사회주의 경제와 자본주의 경제를 비교하며 습득하는 학습 효과로 경영이 단단해질 것이라 했다. 가뭄에 단비 같은 제의였다. 북한 장마당을 메주 밟듯 다니며 갈증을 느꼈었는데, 북한 사회와 시장에 대한 실질적인 교육을 받아보고 싶은 것이었다. 그런데 그 소원이 이루어지다니 꿈만 같았다.

이리하여 나는 장학금을 받으며 공부하는 학생이 되었다. 옌지 아파트 살림집을 제공받았는데, 옌지감옥에서 10분 도보 거리에 있는 신축 아파트였다. 컴퓨터도 제공받아 타자 훈련과 컴퓨터 활용, 인터넷 활용 교육부터 받았다. 이후 시장경제 교육이 시작되었는데 이 교육은 한 선생이 진행했다. 그는 사소한 현상도 철학으로 연결하여 사회문제를 끌어내는 탁월한 교수였다. 지식을 전달하는 능력이 대단했다.

체제를 전환한 사회주의 국가들과 북한을 비교하며 권력이 집중되는 체제에서의 경제 구조 특징을 설명했는데, 수업 시간 내 모습은 백지장에 물감이 서서히 들여지는 어린 학생과 같았다. 수업에 몰입되던 그 시간들은 북한 사회를 체계적인 지식으로 재조명하면서 몸과 마음이 새로 태어나는 하루하루였다.

도서를 읽고 느낀 점을 말하거나 발췌하는 과정도 있었다. 그때 한 선생이 내준 책들을 밤 새워 읽으며 깨달았다. 내가 평양에서 처음으로 자본주의 시장을 배울 수 있었던 이유, 1980년대 동유럽 사회주의 기반이 흔들리며 평양 경제 기반도 흔들리고 있었던 배경……. 지식으로 눈이 트니 내가 경험했던 북한의 장마당이 체계적으로 보이기 시작했다. 예를 들어 북한 주민들이 생계로 시작했던 돼지 축산이 사기업으로 진전하면서 지역경제 시장화와 연결되는 등의 구조적 이야기였다.

우선 왜 돼지였는가에서 시작한다. 누구나 장사하는 세상이 오니 장마당 입구마다 음식 매대가 급증했고 거리에는 국영 상가 건물을 임대하여 개인이 운영하는 식당이 늘어났다. 다양한 음식점이 생기니 주류 수요도 생겨났고 이는 개인에 의한 주류 제조를 불러왔으며…… 개인이 제조하는 술은 증류 곡주이고 곡주는 옥수수가 원료로 사용되므로 식량난이 지속되는 북한에서는 당국의 통제가 따른다.

하지만 위에 정책이 있으면 아래는 대책이 있다는 말이 있다. 시장 수요 상품은 누구도 막지 못한다는 말이다. 지역마다 개인의 밀주 제조 규모는 차이를 보이지만 다양한 방법을 동원하여 밀주를 제조하는 주민은 전국적으로 확산했다. 개인이 집에서 술을 뽑고 그것을 식당이나 장마당에 넘기면 본전 이상의 돈이 나오기 때문이다. 특히 옥수수를 원료로 술을 뽑으면 모주 잔사가 온전히 남는다. 모주 잔사는 곡물 잔반이므로 돼지에게 최고의 사료다. 뜨끈한 술 찌꺼기를 먹이통에 부어주면 돼지는 숨도 쉬지 않고 들이마신다. 모주에는 주정이 있으므로 돼지는 금방 취해 잔다. 잠을 많이 잘수록 살이 찌면서 7개월이면 어미 돼지로 자란다. 통돼지는 식당이나 장마당에서 즉시 시 들인다. 술안주로 반드시 고기가 팔리기 때문이다. 결국 개인에 의한 밀주 제조와 돼지 축산은 구조적으로 연결되어 사기업으로 활성화되었으며 이것이 지역 시장화를 촉진하였다.

돼지 축산 대중화는 새끼돼지 수요를 급증시켰다. 암퇘지를 이용해 모돈을 전문하는 개인*이 등장한 배경이었다. 그러자 수퇘지를 이용해 번식 장사로 돈을 버는 개인이 또 등장했다. 당시 국영 목장에서도 모돈업자의 집을 방문하여 시장가격으로 돈을 받고 암퇘지에게 주사기로 정자를 주입하는 방법으로 수정을 해주었다. 인공수정은 실패가 많았다. 새끼돼지가 잉태되지 않아도 국영 목장은 나 몰라라 책임지지 않았다. 하지만 개인 수정업자는 달랐다. 수퇘지를 이용해 암퇘지와 교미하도록 하고 돈을 받았는데, 거래 방식은 후불제였다. 말하자면 수퇘지와 교미한 암퇘지가 아홉 마리 이상의 새끼돼지를 낳아야 가격을 받았다. 그러니 수정업자가 새끼 돼지 한 마리 값**을 받아 가도 사람들은 개인업자를 찾았다.

돼지의 성장 속도는 암컷보다 수컷이 빠르다. 때문에 장마당에서는 암퇘지보다 수퇘지 가격이 비쌌다. '장

---

*   새끼돼지만 받아 파는 장사
**   2000년대 기준 공장 노동자 10개월 급여 정도

마당 시대가 되면서 사람은 암컷이 인기 있는데, 돼지는 수컷이 인기 있다'는 말이 여기서 나왔다. 내가 몸담았던 장마당은 대중문화와 대중의 언어까지 변화시켰다. 당시 이 모든 현실을 북한 국적자로서 글로 썼고 이 글들은 한국에서 발행된 『임진강』 잡지에 게재되었다.

두만강 기술학교에서

수개월 후, 한 선생과 연결된 인맥을 통해 두만강 기술학교에 들어갔다. 중국 투먼에 자리한 이 학교는 2002년 설립된 국제학교였다. 교장 선생은 한국계 미국인 기독교 선교사였다. 북한의 강원도 원산이 고향이라고 했다. 첫날 두만강 기술학교 교장실에서 면접이 있었다. 교장 선생과 두 분의 남성이 더 있었다. 나이가 지긋했던 것으로 기억한다. 한 분이 물었다.

"북한에서 사업해본 경험이 있나요?"

"빵을 만들어 장마당이나 회사에 넘겨주는 일을 했습니다."

나는 다년간 운영했던 빵 생산 공정과 판매 흐름을

말해주었다. 오븐 설비와 원자재 조달부터 생산과 유통, 임금 책정과 채용 방식에 대해서까지. 경험하지 않고서는 말할 수 없는 이야기였다. 그들은 드라마 보듯이 내 얼굴을 보면서 듣고 있었다. 한 분이 이해되지 않는 듯 물었다.

"오븐 설비를 어디서 구입하나요? 국영 공장에도 전기가 공급되지 않고 자재도 공급되지 않을 텐데 말이에요."

그의 질문은 예리하고 정확했다. 계획경제와 시장경제가 공존하고 있는 북한 사회 현실은 사기업이 조달하는 생산 설비가 어떻게 제작되는지부터 이해하는 것이 관건이었다.

내가 살던 순천에는 군수공장이 여러 곳 있었다. 심각한 전력난과 자재난 속에서도 군수공장에는 국가의 전력과 자재 공급이 양호한 편이다. 그러나 노동자의 식량은 월 20일치 정도밖에 공급하지 못했다. 나머지 식량은 노동자들이 알아서 해결해야 한다. 그리하여 군수공장 노동자들은 물론 기술자들도 군수품을 생산하고 나오는 자투리 철판을 최대한 활용하여 시장 상품을 만들어낸다.

개인이 운영하는 빵 생산 기지가 등장하자 이들은 오븐 설비 제작에 눈길을 돌렸다. 오븐 설비 가격이 비싸다 보니 내각 산하 기계공장에서도 자투리 철판 자재로 오븐을 제작해 개인에게 판매하던 중에 군수공장 제품이 등장한 것이었다. 오븐 상품이 다양해지자 철판 품질에 따라 상품 가격이 달라졌는데, 군수공장에서 제작한 오븐은 탱크 부품 제작에 사용되는 두꺼운 철판이어서 품질이 좋았다. 빵을 구울 때 오븐 철판 넓이가 두꺼우면 고온에서도 빵이 타지 않고 독특한 색상을 그대로 살려주며 맛있게 구워진다. 군수공장에서 제작한 오븐 가격이 두 배 비싸도 주문이 많은 이유였다. 빵 오븐 설비가 어떻게 생겼는지, 그림으로 그려주며 자세하게 설명했다.

그들은 놀라는 듯했다. 숨소리가 들릴 정도로 고요한 분위기가 재판정 비슷했다. 어쩌면 당연했다. 설비와 자본을 투자할 대상을 타진하는 것이니 신중했을 것이다. 폐쇄된 북한에 투자하는 사업은 더욱 신중해야 했다. 투자 대상의 능력과 신용을 검증하고 투자하여도 실패가 빈번했다.

다행히 투자 대상 적합 면접은 합격된 것으로 보였

다. 우선 내가 해왔던 제빵 사기업이 두만강 기술학교 교장 선생이 진행하고 있던 대북 지원 사업과 맞물렸다. 당시 교장 선생은 중국 훈춘과 인접해 있는 북한 끝단 나선 일대에 빵 공장을 여러 곳 운영하고 있었다. 만약 내가 투자를 받게 되어 고향 순천에 빵 공장을 세우면 교장 선생의 대북 지원 사업이 내륙으로 확장된다. 순천과 평양은 약 40킬로미터 거리로 인접해 있다. 교장 선생의 대북 지원 사업이 평양 일대로 확장되는 의미는 민족 사업으로도 가치가 있었다.

두만강 기술학교에는 영어학과, 자동차학과, 미용학과, 컴퓨터학과, 제과·제빵과가 있었다. 나는 제과·제빵과에서 집중 교육을 받았다. 각 과목은 재미 교포와 한국인 교사가 가르쳤는데, 제과·제빵 교사는 40대 초반의 한국 남성이었다. 빵을 발효하고 반죽하는 과정, 굽는 과정 등을 이론과 실습으로 교육했다.

나는 단기간 교육을 이수해야 하므로 학교에서 특별히 1:1교육을 해주었다. 빵 설비 용어와 설비를 다루는 기술부터 배웠다. 그 다음 실습 현장에서 반죽 기술과 발효 기술 등을 배웠다. 실습 현장은 학교 숙소와 멀지 않은 구내에 있었다.

교육이 끝나면 투자자와 최종 면담이 예약되어 있었다. 단둥-신의주 세관으로 귀국할 때 빵 공장 설비를 어떻게 반입할 건지, 향후 원자재 투자는 어떤 절차로 진행할 것인지 등을 논의하는 자리였다. 공장에서 나오는 빵은 평남 일대 고아원에 무상 공급하기로 되어 있었고 이 자리에서 내가 해당 공장의 지배인이 될 만한지 결정될 것이었다.

투자자와 최종 면담을 이틀 앞둔 날, 평안북도 신의주에서 전화가 왔다. 나의 친언니가 순천에서 신의주로 막 도착해 신의주에서 중국 전화를 빌려 전화한 것이었다. 평안북도는 압록강을 사이 두고 중국과 인접한 국경 지역이다. 중국 손전화만 있다면 중국의 통신사 전파를 이용해 한국은 물론 미국과도 언제든 통화가 가능했다. 특히 북·중 교역 도시 신의주에는 중국 손전화를 몰래 갖고 있는 무역 간부나 화교, 밀수 상인이 많았다. 그들에게 돈을 주면 중국 손전화를 빌릴 수 있었다. 나의 언니도 그렇게 내게 전화한 것이었다.

귀에 익은 목소리, 가슴을 찢는 여린 목소리가 아주 또렷하게 전화로 들렸다.

"엄마 보고 싶어. 빨리 오라, 보고 싶어, 빨리 오

라……."

 언니가 녹음해 온 아들의 목소리였다. 어린 자식의 목소리가 청각을 통해 살점에 스며들면 억장이 무너진다. 순간 기둥이 빠진 듯 내 몸이 무너졌다. 털썩 주저앉아 멍하니 핸드폰을 귀에 바짝 댔으나 더 이상 아무 말도 들리지 않았다.

 그 길로 투먼에서 옌지로 운행하는 버스를 탔다. 옌지 버스 역에서 다시 단둥으로 나가는 버스표를 뗐다. 옌지에서 오후 4시 출발하는 단둥행 버스를 타니 다음 날 새벽 5시경 단둥 버스 역에 도착했다.

 단둥 세관 주변 연안 여관에서 아침을 간단히 먹고, 한국 상품을 파는 백화점을 찾아 갔다. 그곳에서 아들에게 보내줄 아디다스 운동복과 어깨에 메는 책가방을 샀다. 2010년대 북한 도시에서 유행되는 아이들의 옷과 책가방이 어떤 것인지 언니에게 물어보아 알고 있었다. 남편이 아프다는 소식도 들었다. 단둥 시내 약국들을 돌아다니며 남편의 건강에 좋을 만한 약들도 한 보따리 샀다. 남편의 안경도 잊지 않고 사서는 약 보따리에 챙겨 넣었다.

 가득 산 물품을 길거리 짐꾼 수레에 실어 단둥 물

류 창고로 향했다. 그곳에는 아침 9시, 신의주 세관에서 중국 단둥 세관을 거쳐 나온 평북 번호를 단 북한 화물트럭들이 수백 대 줄지어 있었다.

화물트럭 사이로 수령의 초상화 배지를 단 북한 운전기사들이 군데군데 보였다. 그들 중 믿음이 가는 인상의 운전기사에게 다가가 말을 걸었다.

"신의주로 밀가루와 물품을 보내려 하는데, 도와줄 수 있나요?"

기사는 아무 말도 하지 않고 나를 보았다. 거절하는 표정은 아니었다.

"비용은 드릴게요. 신의주 물류 창고까지 운송해 주면 돼요. 언니가 그곳에서 기다리고 있어요."

사전 파악 없이 무작정 부탁하는 것은 아니었다. 매일 아침, 평북 신의주에서 중국 단둥으로 나오는 북한 화물트럭들은 단둥에서 수입 물자를 싣고 저녁에 신의주로 돌아간다. 수백여 대의 화물트럭 중에는 수입 물자 계약이 성사되지 않거나 물자가 충분히 확보되지 않아 빈차로 나가거나 적재량의 절반도 채우지 못한 채 신의주로 돌아가는 경우가 많았다.

기사의 입장에서는 빈차로 나가느니 그 공간에 수

입 물자와 전혀 관계없는 개인의 물품을 실어주고 돈을 받는 게 훨씬 나았다. 이렇게 받은 돈은 온전히 개인의 수익으로 남는다. 관세를 내지 않고 운송되는 물자였기에, 이는 사실상 세관을 이용한 밀수 거래였다.

"알겠어요. 3시까지 보낼 물품들을 가져와요."

운전기사는 내 부탁을 들어주기로 했다.

나는 밀가루 1톤과 당과류, 아들과 남편에게 보낼 물품을 마대에 담아 화물트럭에 실었다. 마대당 운송 비용은 중국 돈으로 20위안이었고, 나는 그중 절반 비용만 운전기사에게 선불했다. 나머지 비용은 신의주 세관에서 물품을 언니가 무사히 받으면 주기로 했다.

저녁 5시, 그 화물트럭이 단둥 세관을 지나 압록강 다리를 건너 신의주 세관으로 들어가는 것을 확인한 뒤에야 급히 돌아섰다. 단둥 역에서 옌지 역으로, 옌지 역에서 다시 투먼 두만강 기술학교에 도착한 시간은 면담 일정이 하루가 지난 아침이었다.

나는 상상하지 못했다. 면담 일정을 지키지 못해 투자가 백지화되었다. 자초지종은 알 수 없있나. 분명한 것은 투자자가 돌아섰다는 사실이었다. 일생의 경험과 불굴의 의지에 기연을 더해 어렵게 쌓아 올린 굳건

한 성벽이 완성 직전 와르르 무너져 내렸다. 현기증이 났다. 활활 타오르던 장작불에 찬물을 확 쏟아버린 듯, 한순간에 모든 것이 사라졌다. 현실을 도저히 받아들이기 어려웠다. 그러나 받아들여야 했다. 그날의 심정을 글로 표현하는 건 정말 어렵다. 많은 곡절을 겪으며 생존해왔으나 이때와 같이 마음이 무너진 적은 없었다. 뼈아프게 깨달았다. 내가 나아가고자 하는 세상이 어떤 곳인지를.

무너지는 마음을 간신히 추스르며 두만강 기술학교를 나서려는데, 정문 앞에서 교장 선생이 기다리고 있었다. 머리를 숙인 채로 다가섰다. 가는 길에 굶지 말고 밥을 사 먹으라고 400위안을 내 가방에 넣어주며 교장 선생이 말했다.

"우린 언젠가 다시 만나게 될 거예요."

나는 아무 말도 할 수 없었다. 그저 꺽꺽대며 울었을 뿐이다. 돌아서는 내 모습을 교장 선생은 지켜봤을 것이다.

나락의
분기점

 한 달이 흘렀다. 산산이 부서진 투자 사업의 여파로 원기를 회복하기 어려웠다. 확신했던 귀국의 길이 무너진 상처는 깊었다. 버텨야 한다며 스스로를 위로했지만, 무엇으로 버틸 수 있으랴. "엄마, 빨리 오라"던 아들의 목소리가 가슴을 후볐다. 잠을 자다가도 불현듯 귀국하고 싶은 충동이 밀려왔다.

 '평범한 엄마로 돌아가고 말까.'

 심연의 나락으로 나를 끌어내리는 유혹이었다. 밤을 새우며 고민을 해봐도 신을 홀로 설으며 머리를 식혀도 번민은 쉽게 사라지지 않았다. 무엇을 하든지 후회하지 않을 자신을 찾는 것이 중요했다.

우선 감정의 억압에서 벗어나야 했다. 아들의 등을 두드리며 밥을 차려주는 엄마의 모습은 내가 바라는 삶이 아니었다. 빈손으로 귀국해 운명을 개척할 기회를 잃고, 뒤늦은 후회로 가슴을 내리쓰는 나약함 역시 내 모습이 아니었다.

강해야 했다. 또다시 무너질까 머뭇거리더라도 결심이 필요했다. 고향 땅이 그리워 버스를 타고 투먼으로 향했다. 두만강 너머로 먼지가 날리는 온성 땅을 바라보니, 아픈 자식 바라보는 어머니의 마음처럼 무언가 스스로 해야 한다는 단단한 결심이 자리 잡았다. 지금의 나는 얼마나 자유로운가. 세계로 나아갈 출구가 열린 중국 땅에 지금 이렇게 서 있지 않은가? 가능성이 있어도 눈을 뜨지 못하면, 볼 수 있는 것조차 놓치는 어리석은 사람이 되고 말 것이다. 실패란 그저 가능성 하나가 줄어든 것일 뿐이다. 주저앉지 말고 눈을 크게 뜨고서 새로운 길을 찾으라고, 그것이야말로 나를 평생 옥죈 틀을 넘어서는 길이라고 가슴 속의 자아가 외치고 있었다. 가정의 주인부터 국가의 주인까지 죄 남성들이 거머쥔 사회주의 체제를 넘어설 때 비로소 살아갈 수 있을 것이라는 확신이었다.

'이주해야 한다.'

한국으로의 이주를 결심했다. 돌아설 수 없는 강을 건너는 것은 아닌가. 아들을 영원히 못 보는 것은 아닌가. 낟가리를 쌓았다 허물었다 서성거리면서도 경계를 넘고야 말겠다는 합리적 욕망이 나를 이끌었다. 1998년 판문점으로 1001마리 소 떼 몰고 방북한 정주영 회장을 떠올렸다. 당시 장마당에는 정주영 열풍이 불었다. 빈농의 가정에서 태어난 그가 현대그룹 창시자로 성공한 이야기가 장마당 여성들의 관심을 끈 것이다. 특히 그가 성공한 시발점이 북한에서 이주한 것이라는 사실이 강력하였다. 당시 정주영 회장이 김정일을 만나 금강산 관광산업을 통일기업으로 성사시킨 모습은 기업인의 상징을 넘어선 의미였다.

나는 한국으로 이주하여 여성 기업가로 성공하겠다. 몇 년만 고생하면 밑천이 생길 것이다. 그 밑천으로 작은 식당부터 운영하면서 내가 직접 투자자가 되어 귀국하겠다. 실현 가능한 계획이라고 믿었다. 중국 옌지에서 한국과 연결된 브로커를 찾기는 어렵지 않았다. 야심 찬 꿈을 안고 중국-라오스-태국을 거쳐 대한민국 사회로 첫걸음을 내짚었다. 2011년 5월이었다.

8부

북한의 페미니스트

아프리카노 커피
주세요

한국에 왔을 때 내 주머니에는 단돈 천 원 한 장 없었다. 정부에서 받은 정착금은 브로커 비용으로 빠져나갔다. 중국에서 한국으로 오는 브로커 비용이 250에서 300만 원이었다. 다음 날 식당 아르바이트 자리를 알아봤다. 서울 왕십리에 있는 불고기 식당에 서빙 자리가 있었다. 식당에 온 첫 손님들이 테이블에 앉으며 양념불고기를 주문했다. 이어 메뉴판을 한참 살피더니 몇 가지 요리를 더 추가했다. 한참 맥주를 마시던 중 한 남성이 말했다.

"처음처럼 주세요."

나는 3번 테이블에서 양념불고기를 주문한다고 주

방에 전달했다. 접시에 담긴 양념불고기가 나왔고 나는 그 접시를 들고 테이블로 갔다.

"서비스인가요?"

"네? 방금 처음처럼 주문하신 거 아니에요?"

"맞아요. 처음처럼 주세요."

멍한 표정으로 손님을 보았다. 무슨 말인지. 계산대에 서 있던 사장이 재빨리 다가왔다.

"뭐 필요하신가요?"

"처음처럼 주세요."

손님이 다시 말하자 사장이 냉장고에서 소주 한 병을 꺼내더니 손님에게 건넸다. 당황한 내 얼굴이 빨갛게 달아올랐다. 사장이 물끄러미 나를 바라보았다.

술 종류가 이렇게 다양한 줄 몰랐다. 북한에서는 '농태기' 아니면 '병 술'이 전부였다. 농태기는 개인이 제주한 밀주, '병 술'은 국영 상점에서 명절에 공급하는 병에 담긴 술이다. 물론 병마개를 화려하게 포장해 '넥타이 맨 술'이라 불리는 '개성 인삼술' '들쭉 술' 등 고급 술도 있다. 하지만 그런 술은 가격이 비싸 평범한 식당에서는 보기 어려운 술이다.

상표만 문제인가, 일상어 차이와 한국의 외래어도

난관이었다. 순댓국집에서 일하던 날 손님이 많아 서빙하던 세 명이 교대로 밥을 먹어야 했는데, 먼저 밥을 먹은 내가 한국 언니에게 말했다.(초면에 나를 언니라고 부르기에 나도 언니라고 불렀다.)

"언니, 쟁개비에 콩나물 찔개 있어요. 돼지고기 찔개는 식개기판에 있고요."

아무 반응 없었다. 못 들었나 싶어 손으로 가리키며 다시 말했다.

"저 오봉 위에 있잖아요. 쟁개비랑 식개기판이랑."

"쟁개비…… 성냥개비는 아니죠? 식개기판은 또 뭐예요?"

주방에서 폭소가 터졌다. 평안도 사투리 쟁개비와 찔개가 서울에서는 냄비와 반찬이었고, 식개기판은 프라이팬이었다. 북한에서 흔히 쓰는 오봉은 쟁반으로 불렸다. 나는 콩나물과 돼지고기 반찬의 위치를 알려주고 싶었던 것이다. 하나하나 배웠다. 밥을 먹고 나서 언니가 '커피를 쏘겠다'며 어떤 커피를 마시겠냐고 주방에 물었다. '아메리카노' 주문이 많았다. 내 차례였다.

"아프리카노요."

자신 있게 말했다. 아메리카노 커피가 있다면 아프

리카노 커피도 있을 게 아닌가. 또 한 번 웃음판이 터졌다. 배를 그러쥐고 눈물까지 흘리며 웃는 언니도 있었다. 소통의 창구인 언어가 이렇게 다르다니. 문구점에서 '종이집개 주세요.' 열 번 말해도 낯선 시선만이 내 얼굴을 훑었다. 종이집개는 '스테이플러'이고 옷 입어보는 곳은 '피팅룸'이다. 영토의 분단이 언어의 분단으로 이어지고 있어 '남북 인종'을 생성하지 않을지, 한동안 웃는 게 웃는 게 아니었다.

지식이라는 기술

외래어와 사투리는 노력하면 해결된다. 시급한 것은 소득이 안정된 직업을 갖는 것이었다. 식당 영업이나 부동산 중개사를 하려고 했다. 하지만 주먹구구식으로 개인 창업이 가능했던 북한과 한국은 너무 달랐다. 한국에서의 창업 절차는 제도적으로 매우 정교하고 체계적이고 투명했다.

물론 북한에서도 개인이 외화벌이 회사나 기지를 신설하려면 사업계획서를 작성하고 허가를 받아야 한다. 단, 그 허가는 법적 절차가 아니다. 당과 군부, 지방정부에 사업계획서를 제출하고 허가를 받는데 그 기준은 기관에 바칠 수익금 액수가 크게 작용한다. 얼마나 많은 수익금을 바칠 수 있느냐에 따라 회사명과 직함이 속전속결로 나온다. 굳이 사업계획서가 없어도 된다. 예를 들어, 개인이 주유소를 운영할 자금만 있으면 지방정부에서 주유소 부지와 사업체 상호를 제공하고 대신 매달 수익금의 일부를 상납하도록 했다. 또, 개인이 선박을 장만하면 군부에서 먼저 찾아와 군 소속 회사명을 주며 사장직을 제안하기도 했다.

한국에서는 세무서에서 사업자등록번호를 발급해준다. 주식회사와 법인단체를 설립하려면 통장의 초기 자본금이 증빙되어야 했다. 사업자 대출 금융 상품도 다양했는데 이자율이 달랐다. 하룻밤 자고 나면 내가 지내는 임대아파트 출입문 앞에 '무직자도 즉시 대출 가능'이라는 전단지가 붙어 있었다.

전단지를 바라보며 깨달았다. 선택의 자유가 있다는 것은 그만한 책임이 따른다는 뜻이다. 한국의 사회 시스템을 공부하지 않고는 창업은 무리였다. 북한 이탈주민 지원 정책이 있긴 했지만, 컴퓨터 활용 교육과 취업 상담, 취업 장려금 등 기초생활수급자에서 벗어나도록 돕는 데 그쳤다. 정착의 성공 여부는 오로지 자신의 몫이었다.

한국에서 가장 많이 들은 뼈 때리는 한마디가 있다.

'알아서 해!'

이제 내 나이 42세 중년이었다. 경쟁이 치열한 한국 사회에서 어물어물 인생을 연습하며 낭비할 시간이 없었다. 삶의 방향은 스스로 알아서 정해야 했다. 나는 대학 공부를 선택했다. 한국은 고학력 사회였다. 공부하지 않으면 선택의 폭이 현저히 좁아지는 현실을 피할 수 없었다. 어쩌면 북한에서 못 이룬 대학 졸업의 꿈을 성취하고 싶었던 것일지도 모른다. 하지만 장사 강박을 내려놓은 새 환경에서 스스로를 성찰해보니, 사물을 탐구하고 분석하는 데 진지했던 나의 성향은 학문 연구가 적성이라는 생각이 들었다.

주저하지 않고 일과 병행할 수 있는 서울사이버대학 상담심리학과를 선택했다. 나는 어릴 적부터 사람의 심리에 흥미가 많았다. 아버지가 읽는 책을 따라 읽으며 심리에 대해 독학하기도 했다. 북한 장마당에서 사업가로 성공한 친구들의 고충을 들어줄 수 있었던 것도, 관련 기초 상식과 관심이 있었기 때문이다. 장마당이 발달하며 북한 사회에는 사주팔자 봐주며 돈을 버는 점쟁이가 서울 명동 거리보다 더 많아졌다. 장마당 여성들의 고충이 얼마나 깊고, 닫힌 사회 구조 안에서 억눌린 그것을 해소하고 싶은 심리적 갈망이 얼마나 절실한지 그대로 보여준다.

새벽부터 신수 풀이나 액땜을 원하는 사람들이 점쟁이 집 앞에서 진을 치고 있는데 이들 대개가 장마당 여성이었다. 그때마다 심리학을 공부하여 심리상담소를 운영하면 좋겠다고 생각했던 것을 떠올렸다. 그때는 독학으로 공부할 도서가 없었다. 고작해야 중국에서 밀수된 『토정비결』뿐이었다. 용띠와 원숭이띠는 천상궁합이고 닭띠와 토끼띠는 상극이므로 이 둘이 결혼하면 둘 중 하나가 일찍 죽는다는 따위의 점을 한 번 보기 위해 공장 노동자의 월급만 한 비용을 내던 나의 고향. 그러나 이제 나는 한국에 있다.

실제로 내가 만났던 장마당 여성들의 고충은 궁합이나 상성 문제가 아닌 억압에 의한 좌절감과 분노에서 오는 것이었다. '왜 여자는 잠자리할 때조차 남편에게 깔려야 하냐'며 울분을 토하던 30대 여성의 고민은 단순히 잠자리 불만속이 아니다. 그들은 성별 위계의 근본을 문제시하기 시작한 이들이다. 그러나 그러한 구조적 억압을 언어화할 교육이 부재하니 모두가 속이 썩어 있다. 나도 그중 하나였다. 남편에게 폭력을 당하다 어느 순간 정신이 번쩍 들어, 마루 밑에 있던 연탄불쏘시개를 들고 반격했던 옛 직장 동료의 고민도 떠올렸다. 매 맞는 아내로 살아낸 누적된 공포와 분노가 임계점을 넘어서면서 자기방어와 권리 회복의 본능적인 시도를 하는 여성에게 궁합 풀이는 도움 되지 않는다. 불쏘시개를 쥐고 반격한 여성은 이혼을 당했다. 그토록 맞고 산 여자인데 감히 남자에게 손찌검을 했다는 이유였다.

그런 세상이니 숨죽여 살고 있으나 무언으로 대항하는 여성들은 무수하다. 술을 마신 남편이 밥그릇을 하도 던져 사기 밥그릇을 움식기*로 교체했더니, 그마저 자꾸 던지는 바람에 그냥 찌그러진 식기에 그대로 남편의 밥을 담아 밥상에 놓은 여성이 있었다. 이는 보통 여자라면 생각도 하지 못할 저항이다. 남편에게 "야 이 개새끼야 처먹어라" 한 것이나 다름없다며 기함할 일이다. 이들은 상처에 고름이 가득 쌓여 우울과 불안 속에 떨어도 그 원인이 어디에서 오는 것인지 모르고 있다. 가부장제 폭력에 저항하려는 몸부림이지만 공권

* 알루미늄 식기

력이 여전히 여성의 고상한 품성만 강제하고 있으니 사는 게 사는 게 아닌 것이다.

배고파본 사람이 배고픔을 알고, 아파본 사람이 환자의 아픔을 안다는 말이 있다. 내가 심리상담학 공부를 선택한 이유였다. 북한에서 살아본 여성으로서 이들의 아픔을 누구보다 잘 아는 내가 지식이라는 새로운 '기술'로 이들을 지원할 수 있음을 깨달았다. 나의 동지 여성들의 상처가 문드러져 무너지지 않도록 지켜주고 싶었다. 통일이 되면 북한 전역에 심리상담소를 계열사로 설립하여 속상한 여성들을 치유해주겠다는 인생 목표를 다시 세웠다. 목표를 잡고 시간은 충실하게 흘렀다. 어느덧 학사를 졸업하고 석·박사 과정으로 북한학을 공부했다.

봄날의 장미꽃이 언제 피고 지는지, 가을의 단풍잎이 언제 물들고 땅에 떨어지는지 몰랐다. 겨울이 성큼 다가선 연말에야 한 해가 저문 것을 알았다. 그만큼 치열한 시간이었다.

박사학위 논문으로 우수 논문상을 받던 날 연단에 서서 "앞으로 북한 출신 여성 박사라는 무게를 짊어지고 살겠다"고 발언했다. 혼과 열을 다해 쏟아낸 이 말을 지키기 위해 지금의 나는 연구원, 작가, 기자, 강사 등 1인 다역으로 살고 있다. 북한 전문가로 학술세미나에 초청받거나 국내외 대학에서 강의할 때면 삶의 깊이를 되새기곤 한다. 내가 다루는 모든 주제는 북한 시장과 북한 여성의 주체성, 그야말로 나의 일생이니 말이다.

여자는
죽지 않는다

한국으로 이주한 지 8년 차, 2018년 어느 날이었다.

"선생님은 페미니스트죠?"

한 교수가 나에게 말했다.

"페미니스트요?"

동그랗게 눈을 뜨고 그 교수를 바라봤다. 나는 페미니스트의 개념조차 모르고 있었다. 그러자 여교수가 웃으며 "완전 페미니스트"라고, 또 말했다. 함께 모였던 사람들 앞에서.

'내가 페미니스트라고?'

새삼스레 놀랐다. 인터넷으로 페미니스트를 검색해보았다. '페미니즘'에 공감하고 실천하는 사람이라는 내용이 나왔다. 성차별로 억압받는 현실에 저항하여 자신의 권리를 찾기 위해 투쟁해온 페미니스트들의 역사를 처음 알았다. 여성은 태어나는 것이 아니라, 제도와 관습과 사회문화로 만들어진다고 했다.

이 모든 일을 겪고 40대 중년이 되어서 처음 듣는 이야기에 깊은 연못에 풍덩 빠지듯 사로잡혔다. 그토록 내가 고심해온 북한 여성의 문제, 나 자신의 문제가 여기 있었다. 그리고 나를 돌아보았다. 나는 언제부터 페미니스트가 되었던 것일까.

'아, 그것이었구나.'

아내를 잘못 만나 남편의 팔자가 사나운 것이라고 사회주의 여성관을 들먹거리며 어머니에게 막말을 쏟아붓던 10대의 내가 이해된다. '엄마는 왜 남편에게 맞기만 하냐, 차라리 이혼하라'고 절절하게 말하던 그때 이미 남자에게 맞고 사는 여자의 존재를 견딜 수 없었던 것이다. 20대 초반 평양에서 처음으로 시장을 배우고 내가 번 돈으로 신분 좋은 남편을 찾겠다 했던 도전도, 돈으로 권력을 사들이겠다던 강한 포부도 페미니스트로 성장하고 있던 장마당 여성의 전형이었다. 함정수사에 쫄딱 망하고도 넘어지지 않고 중국 비자 암시장에 도전함으로써 영토의 경계를 스스로 넘은 것 또한 남성 중심의 제도와 관습에 맞선 실천이었다. 창업으로 영향력을 발휘하게 된 여자들이 가정과 사회에서는 남편에게 종속되는 모순에 대해 고뇌하던 나의 친구들은 북한의 페미니스트들이었다. 나는 이미 북한에서 페미니즘 물결을 겪었다.

북한에서 조용히 일어나고 있는 페미니즘은 외부의 영향으로 모방된 게 아니었다. 신분제, 가부장제, 일당독재 억압의 내부로부터 여성들의 힘으로 배태된 것이었다. 나는 주입된 주체사상으로부터 벗어나 여성의 주체성을 쟁취하기 위해 몸부림쳐온 페미니스트다. 지금이라고 다르지 않다. 한국의 기관과 대학, 대학원에서 강의하는 내 모든 연구의 초점은 북한 시장과 여성의 주체성이다. 북한 사회 변화의 저력은 김정은 최고지도자가 아니라 장마당 여성이라는 것이 핵심이다.

여전히 나는 저항하고 싸운다. 일상을 좌우하는 수령 중심 가부장제에 도전했던 것이 과거라면 지금은 이주 여성을 향한 경계와 차별을 넘어서려 투쟁한다. 한국에 온 뒤 알게 된 페미니스트라는 정체성은 해방감을 주었지만 학자로서는 눈을 뜰수록 무겁다. 북한 여성들이 겪는 현실은 북한만의 문제가 아니었다. 처음 한국에 왔을 때 한국 남성과 데이트하는 고향 언니를 만난 적이 있다. 남자가 여자에게 택시 문을 열어주는 모습만으로도 놀라웠다. 북한에서 봤던 한국 드라마 「천국의 계단」이 떠올랐다. 한국은 정말 여자에게 천국일까? 그렇게 여겨졌다. 하지만 현실은 달랐다. 한국도 여자의 천국이 아니었다. 북한에서는 금기와 억압이 노골적으로 드러난다면 한국에서는 정교하게 은폐되어 있을 뿐이었다. 눈을 뜨지 않으면 볼 수 없는 방식으로. 북한 여성들의 의식을 일깨운 시장경제는 평등을 실현할 만능열쇠가 결코 아니었다. 발달한 자본주의 사회 역시 가부장제를 통해 남성의 권위와 여성의 종속을 구조화한 체제였다. 국가와 체제가 존재하는 모든 곳에 억압받는 여성들이 있다.

억압 구조를 보는 시야가 넓어질수록 할 일이 많아진다고 느낀다. '북한 출신 여성'으로서 짜놓은 구도대로 말하기를 종용하는 암묵적 요구에 맞서며 나는 지금의 자리에서 인내하고 싸운다. 환경에 순응하지 않고 도전해온 것이 북한의 여성들이다. 나는 이미 여성들의 혁명을 보았다.

지금도 북한 여성들은 '위에 정책이 있으면 아래에는 대책이 있다'며 담차게 살고 있다.

북한 여성은 죽지 않았다.